VIVENDO MINHA VIDA
FREAKIN' INCRÍVEL

VIVENDO MINHA VIDA FREAKIN' INCRÍVEL

Crie a Vida Perfeita para VOCÊ –Em Qualquer Lugar do Mundo

Regina Huber

VIVENDO MINHA VIDA FREAKIN' INCRÍVEL

Crie a Vida Perfeita para VOCÊ – Em Qualquer Lugar do Mundo

Publicado por Regina Huber

www.transformyourperformance.com

© 2024 Regina Huber

Título original: LIVING MY FREAKIN' AMAZING LIFE: Create the Life That's Perfect for YOU – Anywhere in the World

Traduzido por Regina Huber

Todos os direitos reservados. Nenhuma parte deste livro pode ser reproduzida, armazenada em um sistema de recuperação, ou transmitida de qualquer forma ou por qualquer meio – eletrônico, mecânico, fotocópia, gravação, digitalização, ou outro – exceto para breves citações em artigos ou resenhas relevantes, sem permissão prévia por escrito do autor.

Primeira edição

Design da capa por Zeeshan

Dedico este livro a todos que se mostraram como mestres e aliados para o meu crescimento pessoal até agora nesta vida e que ainda serão: família, amigos, professores, amantes, parceiros de dança, colegas de trabalho, clientes, parceiros de negócios, servidores e não servidores públicos, inimigos, adversários, traidores e outros passageiros que cruzaram o meu caminho nesta experiência que chamamos de vida. Sem vocês, todas as páginas deste livro estariam em branco, e minha existência seria sem sentido.

Índice

Índice 5
  Poema – Parte 1 .... *1*
Prefácio 2
Introdução 4
Liderança no limite 4
Capítulo 1 7
Capítulo 2 13
Madri chamando... e uma reviravolta inesperada 13
  Lições de proatividade, adaptabilidade, estabelecimento de limites e crescimento imperfeito *13*
Capítulo 3 19
Escala de seis meses em São Paulo 19
  Lições de aproveitar oportunidades e abraçar o desconhecido *19*
Capítulo 4 24
De volta à "cidade global com um coração" 24
  Lições de autodescoberta e a importância da negociação *24*
Capítulo 5 31
Trabalhando em uma start-up em Buenos Aires & mochilando na América Central 31
  Lições de desenvoltura *31*
Capítulo 6 36
A névoa de San Francisco e um ponto de virada sob a Golden Gate 36
  Lições sobre hábitos e como me valorizar *36*
Capítulo 7 48
Caminhando por Buenos Aires com centenas de milhares nas minhas meias 48
  Lições de perseverança, visão e serviço *48*

Capítulo 8 53
Paixão e holofote: tango, filmes e amizades 53
Lições sobre sair da caixa 53

Capítulo 9 58
Rio de Janeiro – dançando através do céu e do inferno 58
Lições sobre autossuficiência, autoperdão, escolhas deliberadas e resiliência 58

Capítulo 10 73
Saboreando a "Grande Maçã" – Nova York, Nova York! 73
Lições de flexibilidade e mobilidade 73

Capítulo 11 79
Limpando a bagunça – sem perder o ânimo 79
Lições de paciência, desapego, coragem e liderança com paixão 79

Capítulo 12 90
Estado de espírito "empire": transformações em Nova York 90
Lições sobre reconstrução da autoconfiança e networking 90

Capítulo 13: 97
A dança é minha vida, e minha vida é uma dança 97
Lições de cuidado pessoal 97

Capítulo 14 101
Da *Big Apple* a Alkebulan – primeiros passos na África Ocidental 101
Lições de flexibilidade 101

Capítulo 15 105
Joburg: da vibe empresarial de Sandton à pulsação criativa de Maboneng 105
Lições sobre o profundo impacto das nossas palavras 105

Capítulo 16 109
***Sharp sharp* e os robôs em Mzansi** 109

Lições sobre como elevar experiências de viagem e confiando na intuição 109

Capítulo 17 118
África do Sul continuada: mais encontros e empurrãozinho de um elefante 118
Lições de apreciação e generosidade 118

Capítulo 18...................126
Uma nova era de exploração: Partindo como uma cigana andarilha 126
Lições sobre o poder das palavras e conexões 126

Capítulo 19 135
Microfones, reuniões e magia: câmaras e ondas sonoras em Camarões 135
Lições de espontaneidade e autenticidade 135

Capítulo 20 143
Um inimigo silencioso me derrubando... e quase me tirando a vida 143
Lições sobre vida, morte e autocuidado 143

Capítulo 21 148
Ensinando sob o sol de Doha 148
Lições em transações de negócios 148

Capítulo 22 152
Liderança e sabor local: Mergulhando no coração pulsante de Uganda 152
Lições de gentileza e aproveitando oportunidades para inspirar 152

Capítulo 23 160
Kigali sem roteiros: oficinas e encontros inesperados 160
Lições de projetos de paixão e conexões significativas durante viagens 160

Capítulo 24 169

Quatro anos como quase-nômade 169
Lições de liberdade, segurança e poder 169
Capítulo 25 183
Saboreando Zanzibar: uma sinfonia de especiarias e sabores...183
Lições de voz do coração, curiosidade, valorização da sabedoria local e gratidão 183
Capítulo 26 192
A borboleta está criando novas asas 192
Lições de uma verdadeira transformação 192
Capítulo 27 199
Da transformação à liberação 199
A lição suprema 199
Epílogo 203
Poema – Parte 2 206
Agradecimentos 207
Sobre a autora 208

Poema – Parte 1

Algum dia, querido, seremos grisalhos

Querido, seremos grisalhos

E nos preocuparemos com os sonhos que não perseguimos

Os caminhos não tomados, as palavras não ditas,

As portas que fechamos, os caminhos que fugimos.

Vamos nos perguntar onde aquelas chances teriam nos levado,

E o que talvez tenhamos perdido por medo e receio.

Prefácio

Eu não posso te dizer como viver sua melhor vida. Ninguém pode.

Porque só você sabe.

O que eu posso fazer é te guiar para descobrir isso por si mesmo. Meu objetivo com este livro é duplo: primeiro, ajudar você a encontrar a incrível maravilha na sua vida como ela é agora e, segundo, inspirar você a transformá-la em algo verdadeiramente extraordinário, reconhecendo o potencial magnífico (e ilimitado) que está em você e que pode tornar sua vida ainda mais incrivelmente maravilhosa. Alerta de spoiler: Nem tudo neste livro pode parecer incrivelmente maravilhoso para você. Parte disso pode até te assustar completamente. Veja, minha vida não é perfeita.

Ela é perfeita para *mim*.

Por quê? Ela me apresentou as oportunidades que eu precisava para crescer e expandir minha consciência – literalmente em uma bandeja de prata, sem que eu pedisse por elas… pelo menos não que eu estivesse ciente disso. A verdade é que até as minhas experiências mais dolorosas me ofereceram uma oportunidade não apenas de crescer e construir resiliência, mas de curar. Elas seguraram um espelho na minha frente, me convidando a entender que tudo o que estava naquele espelho era um reflexo de algo que precisava ser abordado e curado.

Não porque algo estava errado comigo. Mas porque todos nós somos uma parte dessa Consciência geral que muitas vezes chamamos de "Unidade" ou "Fonte Divina" ou "Deus", e minha parte dessa Consciência deve ter de alguma forma decidido que esse era o crescimento que eu queria contribuir para a Consciência total… para a "Unidade".

Cada pessoa na minha vida que "infligiu dor ou dano" a mim, todo aquele que "criou adversidade" para mim, tem sido meu professor e aliado no crescimento, fossem eles amigos, familiares, colegas de escola, amantes, parceiros de negócios ou apenas "pessoas aleatórias" que encontrei no metrô ou na rua. Na realidade, nada é aleatório, e não existem coincidências. Tudo é apenas perfeita sincronicidade se encaixando para nós, até mesmo aquelas situações desagradáveis que preferiríamos não ter vivido – desde o motorista cortando nossa faixa até o doloroso golpe da traição.

Minha intenção com este livro é acender uma faísca em você que acenda um fogo de incrível maravilha em cada aspecto da sua vida... para que você aproveite o máximo valor possível do seu tempo na Terra e possa integrar totalmente esse valor na parte da Consciência que você é, curar as feridas do passado, se sentir incrível e ser constantemente maravilhado pela vida.

Após muita reflexão sobre como melhor servi-lo através da minha escrita, decidi mesclar uma biografia pessoal e divertida com as valiosas lições de liderança de si mesmo e dos outros que aprendi ao longo do caminho. Meu objetivo é oferecer percepções que te tranquilizem: não há nada de errado com a sua vida – ou com você, e nunca houve. Você tem o poder de criar uma vida incrivelmente maravilhosa para si, independentemente de onde você esteja ou das circunstâncias atuais. Através das minhas experiências e aprendizados, espero inspirá-lo a abraçar esse potencial e transformar sua própria vida de maneiras notáveis, o que sempre começa com a sua percepção dela. Você pode achar esse processo incrivelmente libertador, com seu próprio senso de liberdade (e a sensação dela) se expandindo exponencialmente à medida que se envolve com ele.

E você pode achar que precisa de uma mão amiga ao longo do caminho. Então, sinta-se à vontade para entrar em contato comigo pelo e-mail regina@transformyourperformance.com e vamos discutir as melhores opções para você.

Cada página deste livro foi escrita com você em mente.

Introdução
Liderança no limite

Amigos costumam me dizer: "Regina, sua vida é repleta de aventuras extraordinárias. Você deve escrever um livro!" Essa ideia acendeu uma faísca em mim. Eu não queria apenas compartilhar histórias; eu queria compartilhar *insights* que ressoem profundamente com você, especialmente como líder. Este livro é uma reflexão sobre como minhas aventuras moldaram minha abordagem à liderança e como essas lições podem inspirá-lo a viver uma vida de decisões ousadas e liderança resiliente.

Eu prospero nas mudanças. Mergulhar no desconhecido, abraçar a incerteza e ousar correr riscos foram meus maiores mestres. Essas experiências não apenas moldaram quem eu sou; elas me ensinaram lições valiosas sobre como liderar a mim mesma e aos outros. Alguns riscos geraram os resultados desejados; enquanto outros resultaram em um crescimento profundo e novas oportunidades. Essas histórias são mais do que anedotas pessoais; são lições sobre resiliência, tomada de riscos e liderança.

Crescendo, a aventura parecia estar no meu sangue. Meu pai, um entusiasta da natureza, tinha uma paixão por explorar – caminhadas, esqui, bungee jump, até mesmo tours de esqui extremamente exigentes... Sendo fazendeiro e trabalhando também em um emprego em tempo integral, ele não tinha muito tempo para viajar. No entanto, ele conseguia se aventurar em viagens de bicicleta para Budapeste e Roma em uma simples bicicleta de três marchas. O espírito aventureiro dele me inspirou, embora minhas escapadas nem sempre fossem tão atléticas.

Apesar da minha motivação interior, eu era a criança mais tímida do vilarejo. Quando pequena, minha timidez era tão intensa que eu me trancava no quarto com meu irmão para evitar ir ao jardim de infância. A ideia de interagir com outras crianças e ficar longe de casa era esmagadora. Isso criou um conflito interno constante: minha extrema timidez, de um lado, e meu espírito aventureiro, do outro. Eu tinha grandes sonhos, mas me sentia impedida pela minha timidez, que muitas vezes parecia indistinguível de ser introvertida. Mais tarde, testes de personalidade revelaram que sou uma ambivertida, com qualidades tanto de introvertida quanto de extrovertida.

Eu também era uma sonhadora incurável, sempre construindo grandes castelos no ar. Eu fantasiava sobre morar em uma bela mansão na Itália e viajar pelo mundo. Mas minha timidez e falta de autoestima me faziam questionar se seria possível conquistar o mundo. Alguém como eu, que tinha dificuldades para encontrar sua voz, conseguiria realmente realizar esses sonhos?

Acontece que minha extrema timidez se tornou minha maior força. Ela me deu um ar de mistério e profundidade. Mas, o mais importante, essa timidez me ensinou coragem. Coragem não é a ausência de medo – é agir assim mesmo... apesar do medo! É sentir o medo e seguir em frente, porque seguir em frente parece o caminho certo. É correr riscos, como viajar sozinha, e empurrar os limites ainda mais ao me mudar para outro país, outro continente. Cada passo, apesar do medo, se tornou um testemunho da minha resiliência e determinação.

Ao longo dos anos, me vi em algumas situações intensas, como o momento em Madri quando encontrei um estranho com uma faca em um caixa eletrônico ou quando enfrentei um homem armado no Rio. Esses momentos me ensinaram sobre como manter a calma sob pressão e pensar rápido – serenidade e compostura são habilidades cruciais para qualquer líder.

Mas não se trata apenas dos grandes momentos dramáticos. Aventuras cotidianas, seja nas ruas de Joanesburgo ou nos bairros do Rio de Janeiro, ofereceram experiências ricas e valiosas lições. São essas experiências que fizeram minha vida um verdadeiro tesouro de histórias e aprendizados.

A resiliência, uma característica essencial de liderança, foi frequentemente testada em momentos de decepção, traição e perda. Seja com o roubo de itens sentimentais ou a traição de um parceiro de negócios de confiança, essas experiências me ensinaram a transformar a tristeza em força e a perdoar, especialmente a mim mesma. Resiliência é sair do modo vítima, sacudir a poeira após cada tropeço e reunir coragem para recomeçar.

Os momentos bonitos, o turbilhão de viver em lugares diversos de Munique a Madri, São Paulo a Buenos Aires, Rio de Janeiro a Nova York, e Miami a Lyon, preencheram minha vida com alegria e emoção. Minha vida em vários continentes e minhas extensas viagens, incluindo nove meses em seis países africanos, me permitiram mergulhar em diferentes idiomas e culturas, cada uma me ensinando novas lições sobre adaptabilidade e liderança culturalmente consciente.

Em março de 2020, após retornar de uma estadia prolongada no Leste da África, abracei um estilo de vida nômade, viajando por lugares como Playa del Carmen, Charleston, Jersey City, Weehawken, Munique, Paris, Miami Beach, Chicago, Phoenix, El Paso, Denver, Merritt Island, Tulum, Miami e Zanzibar – e talvez tenha esquecido alguns – antes de decidir dividir meu tempo entre Lyon, Miami e Nova York (por enquanto, rsrsrs). Essas experiências continuam se desenrolando, prometendo novas aventuras e *insights* em cada esquina.

Este livro não é apenas sobre minha jornada eclética. É sobre inspirar você a refletir sobre sua própria vida e liderança. A vida, com todas as suas incertezas, guarda enormes oportunidades se você abrir sua mente e coração para elas.

Experimente a vida que você realmente deseja viver hoje! Não a vida que você acha que deveria querer. É seu direito de nascimento experimentar liberdade, realização e alegria. O que você realmente, realmente quer, no fundo do seu coração? Confie que você pode alcançar isso, porque você pode mesmo!

Lidere a si mesmo com ousadia e comece a viver a vida que você tem sonhado... agora!

Isso não tornará sua vida perfeita, mas a tornará perfeita para você. Será a sua própria Vida Única e Freakin' Incrível.

Capítulo 1
Das montanhas da Baviera aos picos da liderança

Imagine uma pequena fazenda no coração da Baviera, cercada por apenas oito casas e com uma bela vista para as montanhas dos Alpes. Esse era o meu mundo de infância, uma mistura de charme rural, esterco de vaca e infinitas possibilidades. Meu pai, apesar de suas raízes como fazendeiro nesse cenário idílico, mas extremamente exigente, com longas jornadas de trabalho sete dias por semana, tinha uma faísca de aventura que o levava em audaciosos passeios de bicicleta simples e nas montanhas. O espírito aventureiro dele e o amor pelas montanhas tiveram um impacto profundo em mim, embora minha mãe preferisse a vida tranquila em casa.

Não era só meu pai que tinha esse traço aventureiro – meus irmãos e até meus sobrinhos herdaram isso de maneiras únicas. Meu irmão Anton faz longos passeios em seu triciclo recumbente. Uma vez, ele caminhou demais nas montanhas e teve que passar a noite na mata antes de descer ao amanhecer. Meu irmão Franz é um entusiasta do mountain bike, enquanto minhas irmãs, Rosmarie e Martina, compartilham uma paixão por ciclismo e montanhas. Meu sobrinho Felix adora esportes radicais, como downhill e corridas de bicicleta. Seu irmão Tobias – um aventureiro por direito próprio – uma vez, andou a pé e de skate do nosso vilarejo na Baviera até Marselha, no sul da França. Moritz, outro sobrinho, transformou seu amor pela música em uma ocupação paralela que o leva a lugares distantes, como a Cidade do Cabo. E através de um documentário, fiquei sabendo sobre Franz Heigermoser, um parente distante por parte do pai, que fez uma travessia solo de caiaque pelo Nilo, do sul ao norte, e escalou algumas das montanhas mais altas do mundo – apenas mais um explorador destemido em nossa família.

E assim, as caminhadas de domingo e as viagens de esqui no inverno com minha família foram os pontos altos dos meus primeiros anos. Meu pai, com seu amor pela natureza e pelo esporte, nos levava às montanhas sempre que podia. Eu costumava ir à frente nessas caminhadas, sempre buscando o entusiasmo do caminho desconhecido. Essas experiências iniciais me ensinaram a liderar a mim mesma, a ser curiosa e a não ter medo de ser uma pioneira.

Nos domingos chuvosos, eu ficava no meu quarto, com um velho atlas nas mãos, sonhando com lugares distantes como Itália, Brasil, Camarões e Nova York. Meus pais, ambos nascidos em fazendas, trabalhavam incansavelmente para proporcionar aos filhos oportunidades que eles mesmos só poderiam sonhar. Esses sonhos alimentaram minha imaginação e prepararam o terreno para minha futura trajetória de liderança.

Após o quarto ano escolar, comecei a estudar no Gymnasium (liceu) em uma cidade diferente, onde conheci a Trixi, que logo se tornou minha melhor amiga – um laço que resistiu ao teste do tempo. Na aula de esportes, minhas inseguranças aumentavam em um cenário onde eu sempre era escolhida por último para as equipes. O processo de seleção antes da partida era sempre fonte de desconforto para mim. Os capitães das equipes, ansiosos para vencer, priorizavam os jogadores mais fortes, geralmente deixando eu e outro colega como a última opção. Minha falta de velocidade no basquete e no handebol, junto com saques de vôlei abaixo da média (em palavras simples, meus saques eram péssimos!), me colocava na categoria dos jogadores menos atraentes. Imagine isso: enquanto os líderes de equipe chamavam os nomes, o meu sempre era o último que eu ouvia. Eles escolhiam todos primeiro, menos eu! Isso não era nada divertido. Lembra até a música "I'm still standing"[1], mas não de uma forma boa.

À medida que fui crescendo, a adolescência trouxe seu próprio conjunto de desafios. Apesar da minha timidez, eu sempre fui um pouco rebelde, e por isso, nem sempre me encaixava. Por exemplo, as regras e histórias da religião, assim como algumas outras tradições, me confundiam. Eu não queria "fazer de conta" só porque alguém dizia para fazer. Sempre questionei o que não fazia sentido para mim (uma atitude que ficou comigo a vida toda e que tem sido particularmente útil – e

---

[1] Só para esclarecer: Não sou fã do Elton John, mesmo que eu cite sua música

saudável – nos últimos tempos). Quando era adolescente, nossa religião (no meu caso, a católica) estava registrada nos nossos documentos de identidade. Embora eu respeite a visão religiosa de todos, eu pessoalmente não me identificava com essa religião e também não queria ir à igreja aos domingos, como era costume na maioria das pessoas da nossa área rural na época (embora menos nas grandes cidades). Isso simplesmente não fazia sentido para mim, e a mensagem não me tocava. Assim que atingi a maioridade para solicitar a minha exclusão oficial da Igreja, fiz isso. Se bem me lembro, foi por volta dos 15 ou 16 anos. Cheguei a sacrificar a minha mesada de 40 marcos alemães para pagar a taxa (não deveria ter custado nada, já que nunca pedi para me associar a essa organização!). Logo depois, recebi a confirmação e um questionário de quatro páginas perguntando sobre meus motivos. Eu anexei oito folhas e escrevi 12 (!!) páginas manuscritas com razões sólidas – desde históricas até atuais – sobre por que eu não queria fazer parte dessa organização. Depois de devolver o questionário à prefeitura, nunca mais ouvi falar disso.

Naquela época, ainda não tinha encontrado uma alternativa espiritual para mim mesma. Na escola, optei por "Ética" em vez de "Religião" assim que pude. Também estudei outras religiões, mas nenhuma delas me convenceu. Eu me sentia um pouco perdida e confusa. Mas com o tempo, à medida que continuei minha busca, desenvolvi gradualmente uma filosofia espiritual mais alinhada com o que sei ser minha essência e minha fonte.

Na escola, eu tinha um amigo muito bonito, o Jo, que depois se tornou modelo e provavelmente tinha uma queda por mim. Na escola, até compartilhávamos o mesmo pedaço de chiclete, que jogávamos pela sala de aula entre nós (que nojo, né?); saíamos em festas e flertávamos de forma brincalhona, mas era só isso. Ele era "bom demais", que era um dos meus problemas: eu me sentia mais atraída pelos "bad boys". Também havia o Thomas, um vizinho alguns anos mais velho que eu, que teve uma influência profunda em mim. Quando adolescente, eu ainda lutava com minha falta de confiança e muitas inseguranças. Isso e minha preferência por "bad boys" frequentemente levavam a relacionamentos rápidos com namorados. Essas experiências me fizeram refletir sobre a complexidade dos relacionamentos humanos e sobre a importância de se entender – uma lição essencial para qualquer líder, embora eu gostaria de tê-la aprendido de uma forma mais agradável.

Apesar das tentações e desafios da vida adolescente – as drogas eram comuns nos lugares onde íamos dançar – meu espírito aventureiro e meus sonhos obstinados me mantiveram no caminho saudável. Fui em aventuras de carona, contei estrelas cadentes enquanto esperava na beira da estrada e até fiz uma viagem ousada para Amsterdã aos 16 anos com minha amiga Marion, passando a maior parte da viagem em caminhões. Essas experiências me ensinaram sobre gestão de riscos e resiliência, elementos cruciais para meus papéis de liderança no futuro.

Aos 18 anos, com minha carteira de motorista recém-adquirida, dirigi toda a rota do sudeste da Alemanha até a Bretanha, no norte da França, com minha amiga Lisi. Em tempos sem GPS e com pouca experiência de direção, principalmente nas áreas rurais em que crescemos, ficamos orgulhosas de ter chegado em Paris e saído do outro lado depois de uma breve parada. Viajar com um orçamento apertado às vezes significava dormir no carro, escondidas atrás de algumas árvores.

Não foi a primeira vez que dormi na floresta. Fizemos isso repetidamente em viagens à Itália com outro grupo de amigos – Gabi, Karin, Marion, Peter e outros – acampando apenas com um saco de dormir e acordando com o rosto picado por mosquitos e o corpo machucado pelo chão duro da floresta. Comprávamos espaguete e legumes e cozinhávamos nossas refeições em um pequeno fogareiro a gás. Essas eram as nossas viagens da época.

Após o Gymnasium, me mudei para Munique para estudar Tradução e Interpretação com especialização em Economia. A transição da vida rural para a urbana foi emocionante, mas nem sempre fácil. A solidão apareceu nos fins de semana, quando meus colegas iam para suas famílias, mas eu estava determinada a abraçar a vibração da cidade, apesar das finanças limitadas como estudante. Trabalhando em empregos a tempo parcial e explorando Munique, aprendi a me desvencilhar da timidez e a desenvolver autonomia e habilidades de resolução de problemas – características chave para qualquer líder.

Meu primeiro emprego após a graduação foi na Embaixada dos EUA, mas era muito monótono para a minha natureza curiosa. Não sou o tipo de pessoa que se adapta bem a esse tipo de ambiente de trabalho. Em busca de mais, entrei em uma empresa de consultoria, o Boston Consulting Group (BCG), atraída pela sua presença global. Enquanto trabalhava no BCG, fiz uma boa amizade com a Andrea, uma colega.

Decidimos reservar uma viagem incrível para a Tailândia juntas. Passamos alguns dias em Bangkok, aproveitando os passeios de tuk-tuk emocionantes, relaxando em táxis aquáticos e assistindo a um show no teatro. Depois, pegamos um pequeno ônibus de turismo e seguimos para Chiang Mai. Foi a única vez na minha vida que fiz um tour organizado. Não tínhamos tempo suficiente para nos preparar, e viajar pelo norte da Tailândia sozinhas teria sido desafiador. Após retornar a Bangkok, decidimos descansar por alguns dias em uma casa de praia em Koh Samui. Naquela época, Koh Samui ainda era uma ilha tranquila, com um aeroporto pequeno e recém-construído.

Outra amiga próxima que fiz no BCG foi a Regina. Não compartilhávamos apenas o nome – também compartilhávamos o escritório e formávamos uma equipe fantástica. Eu realmente gostava de trabalhar naquele ambiente, apesar da pressão intensa e dos horários exigentes. Mas o mundo estava chamando...

Após dois anos, surgiu uma oportunidade na Espanha. Aprendi espanhol rapidamente e me mudei para Madri. Essa mudança me ensinou mais uma lição crucial de liderança – abraçar a mudança e continuar aprendendo. Cada novo idioma, cidade e cultura que surgiram depois disso acrescentaram valor ao meu conjunto de ferramentas de liderança.

Apesar de todas as mudanças descritas neste livro, uma verdade permaneceu – eu era uma sonhadora incurável e sempre seria. A vida, com todas as suas reviravoltas, nunca apagou essa chama. Lá no fundo, a garotinha da Baviera, que um dia vagava pelas florestas e sonhava sob as estrelas, persistiu.

Isso é tudo sobre minha versão mais jovem. E minha Vida Freakin' Incrível estava apenas começando!

Cada capítulo emocionante que se seguiu me tornou uma líder mais forte, tanto de mim mesma quanto dos outros. Hoje, "eu ainda estou de pé" ganhou um significado completamente novo para mim.

Nas páginas seguintes, compartilharei minhas histórias e as lições que aprendi, esperando que elas o inspirem a descobrir e abraçar a sabedoria de que você precisa para liderar sua própria vida extraordinária.

Capítulo 2
Madri chamando... e uma reviravolta inesperada

Lições de proatividade, adaptabilidade, estabelecimento de limites e crescimento imperfeito

Foi o calor escaldante do verão em Madri que me recebeu quando desci do avião, uma sensação de empolgação correndo pelas minhas veias. Aos 26 anos, eu estava em uma encruzilhada, pronta para receber o desconhecido de braços abertos.

Essa primeira mudança para o exterior alteraria para sempre a trajetória da minha vida... Mas como eu cheguei lá? Afinal, eu tinha estudado inglês e francês, um pouco de "italiano para viagem" (e, bom, latim), mas nada de espanhol. E eu nunca havia sentido uma atração especial pela Espanha. Na verdade, eu tinha me candidatado a empregos em Nova York e Los Angeles (não fui aceita, pois não tinha um *green card*). Um dia, meu colega Peter, do Boston Consulting Group (BCG), me contou sobre uma vaga no escritório de Madri. Eu disse: "Mas eu nem falo espanhol, Peter!" Ele apenas respondeu: "Você pode aprender." – E ele estava certo!

Peguei um avião para Madri para uma entrevista, empolgada. A entrevista correu bem; a única condição era: "Se você conseguir falar espanhol em três meses, o trabalho é seu." Desafio aceito! Determinada a fazer isso acontecer, me joguei no aprendizado do espanhol como se minha vida dependesse disso. Me inscrevi em aulas e passava todas as noites estudando, decorando o vocabulário novo de jornais espanhóis. Estava em uma missão. E adivinhe? Falei espanhol em tempo recorde! E foi assim que Madri me conquistou logo depois.

Carmen, uma colega do escritório de Madri, gentilmente abriu as portas de sua casa para que eu pudesse ficar lá enquanto procurava um apartamento. Logo consegui um lugar no mesmo bairro, Salamanca, bem no coração da cidade. Depois, me mudei algumas vezes, experimentando Canillejas e Chamberí, e foi em Chamberí que encontrei meu lar. Me senti em casa de um jeito que nenhum outro lugar em Madri conseguiu.

De minha base em Madri, fiz inúmeras excursões para vilas e cidades próximas, usando inicialmente ônibus, já que não tinha carro. Havia uma agência de viagens na Gran Vía que organizava passeios aos sábados, e logo fiquei viciada. Essas excursões me deram uma visão da vida castelhana, da arquitetura e das paisagens além das ruas agitadas de Madri, e aproveitei cada momento.

A cada dia que passava, eu me imergia na cultura vibrante da Espanha, aprimorando meu espanhol e expandindo meus horizontes de maneiras que nunca imaginei. Mal sabia que essa decisão aparentemente inocente me levaria a uma posição de liderança no BCG – sem qualquer experiência prévia em liderança – nenhum estudo, nenhuma experiência… e isso apenas dez meses depois de me mudar para Madri e aprender a língua! Talvez valha mencionar que havia dois candidatos externos, cuja língua nativa era o espanhol e que tinham experiência relevante, e eu aprecio que alguém tenha reconhecido meu potencial – uma atitude que logo apliquei em minhas próprias práticas de contratação como líder e gerente. Os recrutadores externos que supervisionaram as entrevistas também aplicaram testes psicológicos, embora eu não conheça os resultados. No entanto, sei que possuo uma personalidade "iniciadora", o que é de grande valor em papéis de liderança.

Essa característica é incrivelmente valiosa em um contexto de liderança, pois indica uma abordagem proativa, a habilidade de inspirar os outros e a capacidade de liderar novos projetos e ideias. Um iniciador não é apenas alguém que começa as coisas; é alguém que enxerga possibilidades, toma decisões rápidas e incentiva os outros a embarcarem na jornada.

Em um papel de liderança, ser um iniciador significa que você não espera que as oportunidades venham até você; você as cria. Você não está apenas gerenciando o status quo; está constantemente expandindo limites, buscando melhorias e promovendo inovação. Uma mentalidade proativa permite uma visão de longo prazo, que é essencial para se manter à frente de qualquer mediocridade.

A nova função foi um mergulho na água gelada, mas logo a água se aqueceu, e eu rapidamente me adaptei ao papel no meu novo posto, assumindo rapidamente minhas responsabilidades de liderança. Hoje, vejo essa experiência como um testemunho do poder transformador de assumir riscos e aproveitar oportunidades, aliado a intenções puras.

O que começou como um plano de ficar em Madri por 12 meses se transformou em um capítulo de sete anos! Mas minha vida nômade estava apenas começando... Mais sobre isso depois.

Alguns anos após minha chegada a Madri, o BCG anunciou a abertura de um escritório em Portugal. Fui convidada a ter um papel fundamental na coordenação da criação do escritório, bem como na contratação, integração e gestão de toda a equipe de serviços corporativos, além da equipe de Madri. Isso exigiu que eu aprendesse português e voasse para Lisboa semanalmente para supervisionar a construção e o trabalho de design de interiores e organizar tudo para a inauguração – orçamentos, fornecedores, operações, equipe... Um panorama empolgante, ao meu ver – embora tenha acrescentado facilmente o equivalente a dois ou três dias de trabalho a uma já ocupada agenda semanal.

Sabedoria em liderança – principais aprendizados

Qualquer coisa é possível com desejo afrdente

Quando você quer algo com um desejo ardente, qualquer coisa é possível. Aprendi espanhol e português rapidamente, mas isso só aconteceu porque investi o esforço e o tempo necessários. O português, especialmente o europeu, é uma língua desafiadora, com gramática e etiqueta complexas.

O problema surge quando falta esse desejo ardente. Um desejo fraco não é suficiente – ele precisa ser forte e convincente. Se seu desejo não é intenso o suficiente, pergunte a si mesmo se é isso que você realmente quer, lá no fundo do coração, ou se é algo que você acha que "deveria querer". Talvez seja hora de aumentar seu autoconhecimento. Se você tem um desejo ardente, mas ainda está se segurando, encorajo você a dar um salto – ou ao menos o primeiro passo. Faça algo! Agora!

Adaptabilidade é fundamental

Viver em Madri marcou minha primeira experiência de vida no exterior, uma época em que ligar para casa era um luxo e voar de volta por capricho não era uma opção. Apesar de poder ir uma vez por ano, visitas espontâneas não eram viáveis. O primeiro ano foi um turbilhão de adaptação cultural. A Espanha revelou um mundo completamente novo, onde a vida acontecia predominantemente nas ruas. A moda era diferente, e muitas conversas giravam em torno da ideia de *"de buena familia"*, indicando status e privilégio, algo menos comum no cotidiano na Alemanha.

Essa experiência me ensinou a adaptabilidade, essencial em relocamentos futuros para países com diferenças sociais mais marcantes. Claro, a realidade mudou bastante em muitos países desde então, incluindo a Alemanha, e hoje adaptabilidade, autenticidade e coragem são essenciais para líderes eficazes.

Onde você talvez precise se adaptar mais? E onde você poderia ser mais autêntico consigo mesmo? Esse equilíbrio exige reflexão e autoavaliação.

Proatividade e ética no trabalho superam a concorrência

Para começar, no meu mundo, não há concorrência. Somos todos brilhantes e únicos, e quando conhecemos, possuímos e mostramos nosso brilho, ele nos impulsiona naturalmente.

O motivo pelo qual fui escolhida para meu primeiro cargo de liderança foi minha proatividade em sugerir melhorias nos processos locais. Eu estava comprometida em dar o meu melhor para garantir o sucesso das equipes e era flexível com horas extras. Inclusive fazia traduções nos fins de semana para apresentações.

Mesmo sem buscar uma promoção ou competir, meu compromisso superou a experiência de candidatos externos. Alguém viu potencial em mim, o que me ajudou a ver potencial em quem eu contrataria depois. Em candidatos, sempre busquei atitude e potencial em vez de experiência extensa.

Ao mirar um cargo para o qual você não preenche todos os requisitos, foque em posicionar seus pontos fortes únicos. Dominar essa arte é crucial, e como coach, ajudo meus clientes a se destacarem.

Liderança com *wabi-sabi* – o poder do crescimento imperfeito

Não existe liderança perfeita. Liderança não é sobre perfeição. Quando você lidera com sinceridade e autenticidade, ganha naturalmente o respeito da equipe. Com o tempo, você desenvolverá as habilidades que precisar.

Em liderança, abraçar o crescimento enquanto reconhece imperfeições é essencial. *Wabi-sabi* nos ensina que a verdadeira força vem de aceitar falhas e valorizar o progresso em vez de uma perfeição inatingível. Celebre cada passo à frente e incentive uma cultura de inovação, sem medo de erros.

Não espere perfeição de si mesmo nem de sua equipe. Apenas foque em fazer o seu melhor e guiar a equipe rumo ao crescimento. Ser vulnerável o suficiente para admitir erros facilita os ajustes necessários.

Estabelecer limites evita o *burnout*

Com o tempo, percebi que meu empregador estava me sobrecarregando. Felizmente, não tínhamos celulares naquela época, então eu não estava sempre disponível, mas meu telefone residencial tocava o suficiente aos domingos para dificultar o relaxamento. Só de saber que poderia haver outra urgência no fim de semana já era estressante.

Se eu não quisesse tanto o trabalho em Lisboa, diria que estava sendo quase explorada. Mas essa parte eu mesma assumi, e amava viajar para Lisboa, trabalhar em um ambiente diferente e falar português. Aprendi a me impor, e agora você pode aprender com minha experiência: não deixe que seu gerente ou equipe o desvalorize. Estabeleça limites. Quando assumir uma nova tarefa, garanta que outra seja delegada para evitar sobrecarga e *burnout*.

Você está sendo desvalorizado no seu ambiente profissional? Aqui estão alguns sinais: Sua carga de trabalho está excessiva? Está sempre cobrindo os outros? Reconhecer isso é fundamental, e muitas vezes vem do nosso próprio comportamento. Estabelecer limites é uma habilidade essencial de autoliderança.

*

Em 1997, chegou a hora de sair de Madri. Mesmo amando essa cidade vibrante com sua arquitetura deslumbrante e charmosas praças, era o momento de partir.

Naquele ano, uma oportunidade inesperada surgiu: o BCG estava se preparando para abrir um escritório em São Paulo. Dada minha proficiência em português e o fato de que o sócio liderando o projeto era um colega britânico dos meus tempos em Madri, parecia que os astros estavam alinhados. Ciente da minha iminente saída da Espanha, ele propôs que eu ajudasse na estruturação e expansão do escritório. O Brasil sempre teve um encanto especial para mim, e mesmo com planos de voltar para a Alemanha, essa era uma chance única. Foi assim que, no início do verão de 1997, meu cartão de embarque dizia São Paulo, e não Munique!

Capítulo 3
Escala de seis meses em São Paulo

Lições de aproveitar oportunidades e abraçar o desconhecido

Cheguei no Aeroporto Internacional de São Paulo com uma mistura de animação e nervosismo, procurando o serviço de transfer. Sem celular, sem moedas locais para ligar – só contando com minha astúcia para resolver. Troquei algum dinheiro e falei com a empregada doméstica em português de Portugal, o que é bem diferente do português brasileiro, mas consegui explicar minha necessidade de chegar ao apartamento. Consegui o endereço, peguei um táxi e cheguei.

O apartamento era uma cobertura espaçosa de dois andares, compartilhado com meu chefe e dois colegas da Espanha, além de suas esposas. Estávamos em São Paulo para abrir um novo escritório, operando temporariamente de um centro de escritórios Regus enquanto o nosso era reformado. Eu coordenava a reforma, treinava a equipe e fazia contratações junto com o gerente local. Como em Madri, nossos dias eram longos, muitas vezes avançando pela noite.

Logo percebi que minha estadia se estenderia além dos dois meses planejados, chegando a quase seis meses. Sem carro e com roupas para apenas alguns meses, precisei comprar mais peças. Às vezes, pegava um ônibus para um shopping distante. São Paulo, com seus 20 milhões de habitantes e um sistema de ônibus complexo, me desafiava, mas eu me virava. Uma noite, ao voltar de um shopping por volta das 22h, peguei o ônibus errado e acabei indo em direção ao centro – não o lugar mais seguro à noite. Pedi ajuda ao motorista, que sugeriu que eu descesse e pegasse outro ônibus até o bairro Itaim Bibi. Tive que atravessar um túnel escuro e comprido, torcendo para passar por ele em segurança. Para afastar o medo, imaginei uma bolha de proteção ao meu redor – uma técnica mental que eu usava em cidades de alto risco como São Paulo. Confiante nesse escudo imaginário, continuei.

Felizmente, consegui pegar o ônibus certo e chegar em casa. Em uma cidade onde os carros podem furar o sinal à noite por segurança e policiais ficam em interseções da Avenida Nove de Julho à noite, aprende-se a ser vigilante, especialmente a pé.

Nos primeiros dias, meus colegas brincavam com meu sotaque de português de Portugal. Minha colega Lúcia, que logo se tornou amiga, me apresentava brincando: "Essa é a Regina – ela fala português de Portugal," imitando um forte sotaque português. Isso me motivou a adaptar rapidamente o sotaque e vocabulário ao português brasileiro, o que depois provou ser uma grande vantagem. Quando me mudei para o Rio, essas adaptações ainda foram úteis, apesar das sutis diferenças entre o sotaque carioca e paulista.

São Paulo é famosa por seus restaurantes renomados. O time do BCG frequentemente nos convidava a conhecer esses lugares, especialmente porque meu chefe adorava explorar novos restaurantes toda semana, e Lúcia era uma expert na cena gastronômica local.

Naturalmente, a dança também estava em minha mente. Me inscrevi em aulas de samba de pagode em casal, um estilo que nunca mais encontrei no Rio ou em outro lugar.

Uma das viagens memoráveis foi para as montanhas de Teresópolis para fazer rapel e rafting. Viajamos de ônibus durante a noite e iniciamos com uma trilha até uma grande rocha. Diante da queda de 35 metros, alguns recuaram, mas com o incentivo do guia, eu decidi descer a cachoeira. Apesar do medo inicial, o rapel me trouxe uma sensação incrível de superação.

Após um longo dia de aventura, tivemos um jantar bem merecido, seguido de rafting no dia seguinte. Nosso time, cheio de energia, acabou virando o barco. Fiquei presa embaixo do barco, cercada por bolhas, mas logo fui resgatada pelo guia.

Ao voltar para a megacidade, voltei também às longas horas no escritório, garantindo que nossa mudança para o novo espaço em Vila Olímpia ocorresse sem problemas. Assim como em Madri e Lisboa, ver o escritório se transformar de uma sala vazia para um espaço vibrante era extremamente gratificante.

De São Paulo, nos juntamos ao escritório de Buenos Aires em uma excursão à Patagônia, onde exploramos geleiras e fizemos um passeio de barco gelado mas revigorante em um lago glaciar. Também visitamos uma fazenda e vimos a preparação da lã das ovelhas. As excursões do BCG na América do Sul eram tão animadas quanto na Espanha, com muita festa e diversão.

Perto do fim da minha estadia, tirei uma semana de folga para visitar Natal. Explorar as dunas e arredores foi inesquecível. Depois voltei a São Paulo, antes de seguir para Buenos Aires por algumas semanas para apoiar o gerente local. Embora me pedissem para estender a estadia, senti que era hora de voltar para a Alemanha, visitar a família e começar o próximo capítulo em Munique, após mais de sete anos no exterior.

Sabedoria em liderança – principais aprendizados

Aproveitar oportunidades, abraçar o desconhecido e assumir riscos pode conduzir a momentos decisivos

Se eu não tivesse aproveitado a oportunidade de passar um tempo em São Paulo, o rumo da minha vida poderia ter seguido um curso completamente diferente. Claro, retornar para casa me daria conforto e familiaridade, mas a atração por um novo desafio era simplesmente irresistível. São Paulo parecia encantadora como uma das maiores cidades do mundo, uma metrópole vibrante repleta de oportunidades e aventuras esperando para serem vividas. Não se tratava apenas de navegar por um novo "campo de batalha"; era uma oportunidade de crescimento pessoal e profissional. Mergulhar nesta cidade gigantesca significava aprimorar minhas habilidades linguísticas, navegar pelas nuances culturais e adquirir novas competências que se mostrariam inestimáveis em minhas futuras empreitadas. Cada dia oferecia uma chance de expandir meus horizontes e aprender com o mosaico diverso de experiências que São Paulo tinha a oferecer.

Encarar aquele precipício em Teresópolis foi uma dimensão completamente diferente. Embora eu sempre me sentisse aventureira o suficiente para explorar novos lugares, nunca fui muito fã de esportes radicais, ao contrário do meu pai e de alguns dos meus irmãos e sobrinhos.

Olhando para trás, fica claro que essas decisões de abraçar o desconhecido foram fundamentais, moldando não apenas meu caminho profissional e minha determinação como líder, mas também promovendo resiliência pessoal e adaptabilidade que me serviriam bem nos anos seguintes.

Essa estadia não ampliou apenas meus horizontes externos; ela também expandiu meus horizontes internos. Acendeu novas dimensões de pensamento, abrindo minha mente de maneiras que eu não havia imaginado antes.

A vida é, por si só, uma aventura. Você está pronto para vivê-la?

- Qual oportunidade está chamando por você agora, esperando para ser aproveitada – seja grande ou pequena? Não a adie ou você pode perdê-la. A hora é agora! Dê o primeiro passo, ou pode ser tarde demais. As melhores oportunidades muitas vezes desaparecem rapidamente.

- Qual risco você deve abraçar para elevar sua carreira, seu negócio, sua visão para o próximo nível? Visualize as infinitas possibilidades que o desconhecido reserva para você! Sua vida é preciosa demais para deixar essas oportunidades escaparem sem explorá-las.

- Diga adeus ao medo e olá à coragem! Cada decisão que você toma é um degrau em direção ao seu futuro. O desconhecido não é algo a temer, mas um terreno fértil onde seus sonhos podem criar raízes e florescer. Ao sair de sua zona de conveniência (não é uma "zona de conforto", certo?... porque aposto que não é tão confortável estar em um lugar limitante) e abraçar a incerteza, você abre a porta para novas experiências, crescimento e transformação.

Pense nisso: e se a oportunidade que você está hesitando em aproveitar for o próprio catalisador para sua virada? E se o risco que você está considerando for a ponte para suas maiores conquistas? Muitas vezes, o crescimento mais significativo ocorre quando ousamos nos aventurar em territórios desconhecidos. É onde você transcende suas limitações, onde seu potencial se revela.

Imagine a emoção de assumir um novo papel, lançar aquele projeto inovador ou dar um passo ousado no seu negócio. Visualize o efeito dominó de sua coragem, não apenas em sua vida, mas na daqueles ao seu redor – quando veem você liderar dessa maneira. Sua bravura pode inspirar outros a fazer o mesmo, criando uma onda de mudança positiva. É isso que líderes fazem! Vá em frente!

*

Voar de volta para Munique despertou uma mistura de emoções: expectativa para reencontrar a família e os amigos, ansiar por compras no Viktualienmarkt (o famoso mercado ao ar livre), se aconchegar em cafés e saborear refeições nos restaurantes preferidos. O charme de Munique, com suas belas paisagens urbanas, majestosas montanhas próximas e lagos tranquilos, merece certamente elogios. No entanto, eu estava bem ciente de que retornar não recriaria a emoção inicial de morar lá pela primeira vez.

Além disso, já sentia falta da energia vibrante de Madri e do clima mais quente. Nunca fui fã do frio. Deixar uma cidade como Madri, onde passei sete anos, não foi sem seu peso emocional.

Capítulo 4
De volta à "cidade global com um coração"

Lições de autodescoberta e a importância da negociação

Em Dezembro de 1997, peguei um voo de volta para a Alemanha. Minha primeira parada foi na casa onde cresci, para visitar a família. Depois, me mudei para um belo apartamento no bairro Haidhausen em Munique, não muito longe de onde eu havia morado mais de sete anos antes. Foi um tempo interessante de readaptação na "Cidade da Arte e da Cerveja." Embora apreciasse muitos aspectos do meu país de origem, sentia muita falta do ambiente de Madri e Lisboa. Munique parecia tão pequena agora, e era janeiro e frio, o que não ajudava.

No entanto, logo comecei a aproveitar as noites de dança, a reencontrar antigos amigos e a fazer novos. Recebi uma proposta para coordenar o desenvolvimento global da intranet do BCG, além de um sistema digital complexo para tudo relacionado a funcionários na Europa, desde recrutamento até treinamento, alocação e desenvolvimento de carreira. O que eu mais gostava no trabalho era a possibilidade de viajar – ele me levava a escritórios do BCG por toda a Europa para treinar usuários. Além disso, trabalhava principalmente em inglês, mas também em espanhol e português ao visitar os escritórios da Península Ibérica, o que era um bônus.

Como estava envolvida tanto nos aspectos de conteúdo quanto de TI do projeto, eu reportava a dois chefes: um no escritório corporativo em Boston e outro em Munique. Em uma ocasião, meu chefe de Boston me convidou para uma viagem às Bahamas para uma reunião do projeto. Porém, meu chefe em Munique decidiu que não havia orçamento suficiente para eu ir, optando por levar outros membros de sua equipe, com quem ele tinha uma relação mais próxima.

Essa não foi a única vez que tive atritos com ele; sua personalidade machista e condescendente não me agradava. Achei desafiador me conectar com ele e seu chefe, e a política de escritório não facilitava. O que piorou a situação foi o descuido deles com meu pacote de compensação, do qual removeram meu fundo de pensão, o que, devo enfatizar, não estava de acordo com a política típica do BCG. Admito que, na época, eu não era muito boa em negociar para mim mesma. Para os outros, absolutamente! Para mim mesma, nem tanto.

Por outro lado, as viagens pela Europa ainda eram necessárias e inquestionáveis... Mas eu não viajava apenas a trabalho...

Durante meu primeiro ano de volta para casa, fiz uma viagem a Cuba com minha irmã caçula, Martina. Apesar de ser época de furacões, não nos intimidamos. Havana nos recebeu calorosamente, e nossa aventura nos levou por uma grande parte da ilha em um tour de ônibus, passando por Pinar del Río, Matanzas, Santa Clara, Cienfuegos e Trinidad, entre outros lugares.

Houve um toque divertido durante o passeio quando o motorista do ônibus parecia mais interessado em mim do que na estrada à frente, constantemente verificando o retrovisor! Ele deve ter tido uma queda por mim! Acabamos nos tornando bons amigos e compartilhamos uma noite memorável com copos de delicioso rum cubano fora de nossa cabine. Após explorar boa parte da ilha, nos estabelecemos em Varadero à medida que o furacão se aproximava. Apesar da expectativa pela tempestade, conseguimos dançar salsa com novos amigos locais e desfrutar de um jantar de lagosta na casa de uma família local.

Quando o furacão finalmente chegou, seguimos as instruções do hotel, como colar fitas nas janelas, e passamos uma noite inesquecível jogando cartas à luz de velas – à moda cubana, com rum e charutos. No dia seguinte, as ruas estavam inundadas e as atividades eram limitadas, mas aproveitamos ao máximo nosso tempo restante em Cuba antes de voltar para casa, sentindo-nos revigoradas por uma viagem inesquecível.

Depois, viajei ao Brasil com minha amiga Mary Ann. Começamos com alguns dias em São Paulo e, em seguida, fomos para o Rio de Janeiro.

Uma manhã, enquanto tomávamos café da manhã no nosso hotel em Copacabana, na Av. Princesa Isabel, ouvimos tiros lá fora. Curiosamente, essa foi minha segunda visita ao Rio e a segunda vez que presenciei um tiroteio, o que, no entanto, não me impediu de me mudar para lá anos depois.

Do Rio, partimos para Salvador da Bahia, onde comemoramos o Réveillon com fogos de artifício deslumbrantes e participamos da tradição brasileira de colocar flores brancas na praia e no mar. Também exploramos praias paradisíacas próximas a Salvador, como Praia do Forte e Arembepe. A culinária do Nordeste do Brasil sempre foi minha favorita, com pratos deliciosos como moqueca, bobó de camarão, o melhor peixe grelhado com pimenta que já provei, especialmente quando recém-assado na praia ou na Ilha de Itaparica, e acarajé, um petisco distinto e saboroso, muitas vezes preparado na hora por mulheres vestidas tradicionalmente nas vibrantes ruas de Salvador.

Da Bahia, voamos para Manaus, na região amazônica. No dia seguinte, seguimos para um lodge na mata, de onde fazíamos longos passeios de canoa, avistávamos os lendários botos-cor-de-rosa, observávamos filhotes de jacaré à noite e pescávamos pequenos peixes parecidos com barracudas de dentes afiados, que depois saboreávamos no jantar. Os macacos travessos ali roubavam tudo o que podiam – desde nossos copos, dos quais bebiam antes de jogá-los para trás como um brinde "nazdorovie," até qualquer comida ou bolsa desatendida. Após desfrutar da beleza natural abundante, ficamos mais alguns dias em Manaus antes de voltar ao litoral e, eventualmente, regressar a Munique.

Uma vez, minha amiga Marietta e eu voamos para Buenos Aires, depois pegamos um ônibus para Córdoba e seguimos para as províncias de Catamarca, Salta e Jujuy, no noroeste da Argentina – uma área que considero incrivelmente fascinante. Exploramos Catamarca, Cafayate,

San Salvador de Jujuy, Tilcara e Salta. As paisagens eram de tirar o fôlego, especialmente as coloridas montanhas, o Cerro das Sete Cores em Tilcara, mas também nossa caminhada por vastas extensões de cactos imponentes, que alcançamos um dia ao viajar na parte aberta de um caminhão.

Enquanto morava em Munique, na dança, mergulhei em salsa, tango argentino e samba no pé, encaixando essas atividades na minha agenda sempre que possível. Para o samba, fazia aulas semanais com Martinho, um dançarino profissional brasileiro de Salvador. Meu parceiro favorito de tango era um rapaz turco na época, e as noites de salsa com José, das Galápagos, às vezes significavam dormir apenas uma hora antes de tomar um banho frio e ir para o escritório.

Mas logo o trabalho se tornou monótono. Como mencionado acima, havia uma política de escritório desagradável no lado técnico da equipe, e me senti prejudicada com a remoção das contribuições do fundo de pensão ao assinar meu contrato de trabalho. Negociar não era meu ponto forte na época, mas isso deveria ter sido tratado de outra forma. No geral, não me sentia tão respeitada quanto no meu emprego anterior em Madri. Minha paixão pelos projetos diminuiu, e comecei a me perguntar o que viria a seguir.

Então, um e-mail da Argentina chegou à minha caixa de entrada: um ex-aluno do BCG que conheci no escritório de Madri havia fundado uma start-up: Deremate, semelhante ao eBay, mas para América Latina e Flórida. Ele sugeriu que eu me juntasse à sua equipe como Coordenadora de Treinamento e Comunicação Interna. Eles estavam procurando alguém que falasse espanhol e português. Eu estava atenta.

Apenas cerca de nove meses antes, eu havia me mudado para um lindo apartamento no charmoso e aconchegante Glockenbachviertel, uma parte do bairro Isarvorstadt de Munique, que eu adorava. Mas a atração era muito forte. Eu simplesmente tinha que seguir esse empurrão do Universo.

Resumindo, segui meu coração, empacotei minhas coisas, pedi demissão no BCG e voei de volta para Buenos Aires mais uma vez. Não abri mão do meu apartamento, pois minha hospedagem em Buenos Aires estava coberta pela empresa, e minha melhor amiga queria alugar meu lugar em Munique em tempo parcial para suas saídas de dança na cidade. Além disso, era um contrato, e não uma oferta de emprego. Assim, em agosto de 2000, uma de minhas irmãs e algumas amigas me acompanharam ao aeroporto, onde saboreei uma última cerveja de trigo antes de embarcar e deixar a capital das cervejas.

Sabedoria em liderança – principais aprendizados

Da descoberta de novos lugares à descoberta de si mesmo

Minha lição deste capítulo se cristalizou na realização de que sou naturalmente atraída a explorar novos lugares e me imergir em culturas diversas. Literalmente, "sou feita para isso." Embora valorize minhas raízes e mantenha uma conexão profunda com minha família, apesar da distância geográfica, e tenha uma enorme admiração pela beleza da região onde cresci, há um chamado inegável dentro de mim para atravessar novos horizontes. É uma jornada de autodescoberta – uma fusão de exploração interna e externa – que tem nutrido minha autoconsciência, um precursor essencial para a autoliderança eficaz. De fato, toda liderança começa consigo mesmo; autoliderança é anterior à capacidade de liderar outros.

Para mim, a autoconsciência tem evoluído através de um mosaico de experiências ecléticas, cada uma contribuindo para meu crescimento e desenvolvimento como líder de mim mesma. Interagir com diferentes pessoas, lugares e culturas não apenas ampliou minha compreensão do mundo, mas também me trouxe percepções profundas sobre minha própria identidade e ajudou no meu processo de autorrealização. Tem sido uma viagem de autoexploração entrelaçada com uma compreensão mais profunda da experiência humana e da essência do que significa ser humano.

Reflita sobre isso: Quanto você realmente se conhece? Explore mais e veja aonde sua própria jornada de autoconsciência pode te levar. Pegue um bloco de notas e uma caneta e registre suas experiências, como elas moldaram sua autoconsciência. Depois, pense em como esses *insights* podem beneficiar seu futuro.

Negociar vale a pena

Esse foi apenas o começo de uma série de experiências reveladoras que tive por não negociar minha compensação de forma eficaz. Mais tarde, cometi o mesmo erro, agravado por pesquisa insuficiente, e isso acabou me custando significativamente ao longo dos anos.

No entanto, esses contratempos me motivaram a desenvolver o *Negotiate Your Dream Salary Framework*™ (Negocie Seu Salário dos Sonhos) e lançar meu curso online *Dream Salary* (Salário dos Sonhos) em meu negócio de coaching. Por meio desses recursos, ajudei inúmeros clientes a negociarem salários muito além de suas expectativas.

Será que você está cometendo alguns dos mesmos erros que eu cometi ao aceitar uma nova proposta de trabalho ou salário?

- Ceder muito rápido a concessões: Aceitar mudanças ou reduções solicitadas pelo empregador sem negociação suficiente
- Desistir de elementos da compensação: Comprometer-se com partes específicas do seu pacote de compensação de forma muito fácil, em vez de solicitar a gama completa de benefícios que você merece
- Aceitar um salário mais baixo: Concordar com um salário abaixo de suas expectativas ou do valor de mercado
- Subestimar o valor do seu trabalho: Não reconhecer ou afirmar adequadamente o valor das suas competências no mercado
- Permitir que a falta de autoestima interfira no seu poder de negociação
- Não negociar: Aceitar a oferta inicial sem negociar por condições melhores.

Meu conselho de hoje: Negocie ao máximo sua compensação! Não se contente até estar realmente satisfeito. Essa abordagem não só evita frustrações futuras, mas também protege contra o ressentimento pessoal. Lembre-se, até mesmo benefícios como um fundo de pensão, que só se materializam no futuro, são essenciais. É sempre melhor tê-los do que ficar sem. Meu curso online *Dream Salary* pode te ajudar a obter o salário que você quer e merece, enquanto você muda sua mentalidade, aprende a se posicionar e a lidar com objeções de forma eficaz.

*

Despedindo-me da minha irmã Martina e das minhas amigas Marietta, Adriane e Mary Ann no Aeroporto Franz Josef Strauß em Munique, enquanto caminhava para a área de segurança, não pude deixar de pensar: "Eu sabia! Sempre soube que partiria novamente. Quem eu estava tentando enganar? Era inevitável!" Sempre senti como se tivesse um pé fora da Alemanha. Agora era hora de fincar os dois pés novamente na América do Sul. No entanto, também é verdade que eu não imaginava que isso aconteceria tão rápido. As oportunidades surgem quando menos esperamos...

Capítulo 5
Trabalhando em uma start-up em Buenos Aires & mochilando na América Central

Lições de desenvoltura

Em Buenos Aires dividi um apartamento espaçoso em um bairro central com minha colega mexicana Pato, com quem criei uma amizade que dura até hoje. Mais tarde, nos reconectamos em Nova York, e também a visitei na Cidade do México depois de passar um tempo com xamãs em Apaseo el Alto, cerca de 230 km ao noroeste da capital, assim como em San Miguel de Allende e Santiago de Querétaro. Foi uma visita incrível, explorando partes da cidade que eu ainda não conhecia e revisitando as casas de Frida Kahlo e Diego Rivera, os famosos pintores mexicanos. Mas estou divagando...

Na capital do tango, fiz aulas de tango argentino com Ernesto e Norma, onde conheci minhas queridas amigas Mónica e Gianna, explorei diversas milongas e fiz amizade com Claudio, um professor de dança brasileiro. Ele me apresentou ao Zouk-lambada brasileiro e, mais tarde, viajou comigo à Alemanha para um show organizado por uma amiga perto de onde cresci, a Marianne. Inclusive participei do show com uma dança improvisada no palco. Às vezes, amizades simples (mas preciosas) levam a projetos extraordinários.

O trabalho ia bem. Viajei a trabalho treinando equipes na Cidade do México, em São Paulo e em Miami, enquanto mantinha comunicação constante com os outros escritórios da América Latina. Isso era divertido e me permitia trabalhar em três idiomas, algo que eu sempre apreciei. No prédio onde morávamos, conheci outra amiga de longa data, Yaya, uma decoradora de interiores. Uma vez, minhas chaves caíram no poço do elevador, me deixando presa no corredor. Depois de

15 minutos sem ninguém entrar ou sair do prédio, toquei a campainha dela. Curiosamente, ela tinha uma caixa cheia de chaves e, por sorte, uma delas abriu a porta de serviço do nosso apartamento. Mais tarde, com a criatividade e habilidade prática de Yaya, recuperei as chaves – *che, ¡qué piola!* Essa abordagem prática dela sempre me inspirou, algo que admiro em líderes de verdade.

Além do trabalho e da dança, passei muito tempo explorando a cidade. Eu adorava a feira de arte de fim de semana em San Telmo, onde dois casais de tango excepcionais frequentemente faziam apresentações ao ar livre para ganhar alguns pesos dos espectadores. Foi lá também que comprei uma das minhas pinturas favoritas – uma representação de um casal de tango por um artista com um estilo excêntrico. Infelizmente, essa pintura foi posteriormente roubada de um depósito no Brasil por causa de sua moldura de prata. (Eu com certeza teria cedido a moldura para recuperar a pintura, mesmo sabendo que os dois combinavam perfeitamente!)

Na primavera de 2001, porém, a famosa crise monetária atingiu a Argentina, e as coisas começaram a mudar muito rapidamente. Muitos argentinos se mudaram para a Espanha e outros países, e a start-up precisou cortar custos, o que incluiu o meu trabalho de treinamento e minha função. Em vez disso, pediram que eu trabalhasse em um projeto no escritório de São Paulo por alguns meses. Embora esta tarefa temporária estivesse menos alinhada com minhas paixões e pontos fortes, aceitei o desafio. Afinal, sempre há algo a aprender, e eu ainda não tinha um plano definido para o "próximo capítulo".

Antes disso, no entanto, fiz uma viagem emocionante de cinco semanas de mochila com minha irmã mais nova, Martina. Nós nos encontramos em Cancún, no México, de onde pegamos um ônibus descendo pela costa, com uma parada em Tulum – que na época era bem diferente de hoje, com ruínas acessíveis ao público sem cobrança de entrada e algumas cabanas no meio da mata, onde alugamos uma para passar a noite. Depois dessa breve parada, pegamos um ônibus noturno que atravessou Quintana Roo e Campeche até Chiapas, com nosso próximo destino sendo Palenque, onde chegamos à rodoviária por volta das 4h da manhã. Um taxista nos levou a uma pequena pensão que ele recomendou, e o dono, ainda sonolento, nos deixou entrar. Assim que entramos no quarto, descobrimos uma enorme tarântula na parede. O dono já tinha voltado a dormir, então lidar com a situação ficou por nossa conta. Corri pelo corredor, encontrei uma vassoura e consegui expulsar a tarântula pela janela para que pudéssemos nos recuperar do susto momentâneo e dormir algumas horas antes de explorar Palenque e seus arredores, incluindo as ruínas místicas de Palenque, cercadas por vegetação exuberante – um lugar verdadeiramente mágico.

Depois de alguns dias em Palenque, decidimos continuar a viagem em direção a Flores, na Guatemala. Não havia ônibus até a fronteira, então pegamos um serviço privado – um carro compartilhado com outros viajantes – até o rio Usumacinta, que marcava a fronteira com a Guatemala. Cruzamos o rio em um pequeno barco, recebemos o carimbo em uma cabana na fronteira e continuamos até Flores, ao lado do lago Petén Itzá. Aproveitamos a atmosfera tranquila à beira do lago e experimentamos algumas comidas de rua interessantes. Decidimos (com pesar) pular a pitoresca Antigua e seguir de ônibus até San Pedro Sula, em Honduras, e de lá para La Ceiba, pois queríamos chegar à Ilha de Roatán antes da Páscoa para segurar uma boa cabana na praia.

Depois de uma noite em La Ceiba e explorar uma praia próxima repleta de conchas de todas as formas, cores e tamanhos, pegamos o ferry para Roatán. Esta foi uma das duas travessias de barco mais assustadoras da minha vida (a outra foi em Portugal). Até os passageiros locais estavam aterrorizados. Felizmente, chegamos com segurança a essa ilha paradisíaca, onde tivemos as experiências de mergulho mais incríveis que você possa imaginar. Decidimos obter nossa certificação de mergulho em Roatán e não nos arrependemos. Não apenas tivemos instrutores de mergulho simpáticos e divertidos, mas também vimos o recife de coral mais impressionante e colorido que já experimentei. Mesmo tendo mergulhado em outros lugares como Brasil, Colômbia e Belize, nunca vi nada comparável. Se você mergulha, deve explorar a beleza subaquática de Roatán!

Quando chegou a hora de partir, passamos mais tempo do que planejávamos originalmente. Decidimos então pegar um avião para San José, na Costa Rica, onde exploramos lugares como o Mercado Central, a praia de Jacó e o vulcão Arenal. Lembro-me do dia no vulcão como o menos agradável de toda a viagem: pegamos um ônibus debaixo de um sol radiante, mas quando chegamos ao topo da montanha, encontramos o cume envolto por nuvens espessas que não se dissiparam o dia todo. Além disso, começou a chover e esfriou bastante, o que nos pegou desprevenidas. Nosso único refúgio foi esperar no restaurante até o ônibus voltar horas depois. Lembro-me de nós duas tentando secar nossos tênis e meias molhados no secador de mãos do banheiro. Quando não há muitas opções, você usa o que tem.

Nossa partida de San José coincidiu com o momento em que minha irmã e eu nos despedimos no aeroporto, já que ela estava indo para o Equador e eu voltando para a Argentina. Mais tarde, ela acabou me visitando em Buenos Aires.

Sabedoria em liderança – principais aprendizados

A criatividade compensa

Apesar do pequeno contratempo no vulcão, minha viagem pela América Central me deixou memórias preciosas e aprendizados valiosos. Fazer mochilão numa época sem smartphones ou GPS me forçou a confiar em criatividade e na capacidade de improvisar. Foi um período de descobertas, navegando por territórios desconhecidos, conectando-me com os moradores locais e aprendendo sobre suas vidas, ao mesmo tempo em que garantíamos nossa segurança como turistas. Essa experiência me ensinou a importância de ser adaptável e pensar fora da caixa (ou até mesmo de descartar a caixa por completo), qualidades que têm sido inestimáveis em liderança e em todos os meus empreendimentos profissionais.

Adote a criatividade e a adaptabilidade em sua liderança. Desafie-se a pensar de maneira inovadora e a enfrentar obstáculos com uma nova perspectiva. Às vezes, isso significa não apenas pensar fora da caixa, mas sair completamente dela para analisá-la de fora e avaliar se ela ainda tem utilidade. Em alguns casos, pode ser melhor descartar a caixa inteira e começar com uma abordagem completamente nova.

Como parte desse processo, incentive sua equipe a adotar uma mentalidade criativa também e observe como todos se tornam mais fortes e inovadores juntos.

*

No voo de volta para Buenos Aires, encontrei-me refletindo sobre os sacrifícios e concessões que acompanham a vida no exterior. Toda escolha tem seu lado positivo e sua sombra. Embora estivesse profundamente grata pelo tempo que passei com minha "irmãzinha" nesta viagem, uma parte de mim ansiava por ver minha mãe, irmãos e sobrinhos com mais frequência, para ter aqueles momentos espontâneos que a distância simplesmente não permite, especialmente com um trabalho que me prendia. E acabei sonhando acordada com um futuro onde pudéssemos nos teletransportar por continentes e oceanos num piscar de olhos...

Capítulo 6
A névoa de San Francisco e um ponto de virada sob a Golden Gate

Lições sobre hábitos e como me valorizar

Logo após nossa viagem pela América Central, enquanto cuidava de uma atribuição temporária em São Paulo, recebi um e-mail da chefe do escritório de São Francisco me dizendo que o cargo dela estaria disponível e perguntando se eu tinha interesse. Dada a minha situação em Buenos Aires, aceitei as entrevistas para o cargo no escritório de São Francisco. Durante minha visita a São Francisco, queria confirmar se a cidade era o lugar certo para mim e, claro, se eu poderia encontrar algumas das opções de dança que eu preferia na época. Então, aproveitei ao máximo os poucos dias que tinha disponíveis para me familiarizar com a cidade, incluindo uma vez em que me perdi enquanto caminhava por suas muitas colinas.

Resumindo, aceitei o emprego e combinamos uma data de início para novembro de 2001, o que me deu tempo suficiente para viajar de volta para Munique, obter o visto, arrumar minhas coisas para a mudança e aproveitar mais alguns meses em Munique durante um outono excepcionalmente quente, com muitos jantares de despedida ao ar livre com amigos e muita dança.

Uma noite, enquanto dançava salsa com minha amiga Manuela, encontrei alguém especial – um colombiano muito divertido, marchand de arte e repórter de esportes, Daniel. Nos entendemos imediatamente e nos divertimos muito juntos. No entanto, eu sabia que ele não estava pronto para se comprometer totalmente, e eu não ia colocar minha vida em espera por alguém que não estivesse disposto a me colocar em primeiro lugar. Mesmo assim, ele ocupa um lugar especial no meu coração, e desenvolvemos uma amizade próxima – um laço que perdurou por anos, mesmo muito depois de eu seguir em frente. O que é surpreendente é que, durante minhas visitas anuais à Alemanha nos quatro anos seguintes, ele sempre me fez uma prioridade.

Foi também durante esse período que decidi parar de fumar. Após décadas com esse hábito, deixar de fumar não foi uma tarefa fácil. Com a proibição de fumar nos prédios do Embarcadero Center, onde nosso escritório estava localizado, a ideia de ter que descer de elevador do 24º andar várias vezes ao dia para um intervalo de cigarro, enquanto lidava com um cargo exigente, era pouco atraente. Então, reuni forças para parar. Como fiz isso, você pode se perguntar? Eu me convenci de que sempre poderia fumar "amanhã". As proibições nunca funcionaram para mim, mas me dar permissão sim. Também usei um truque: em Munique, onde fumar ainda era bastante comum na época, sempre que a vontade era forte, eu fumava um charuto pequeno, fazendo um esforço consciente para não inalar profundamente. Além disso, quando estava em bares à noite, optava por um charuto normal (sem fumar completamente). Não foi fácil, mas após cerca de nove meses, percebi que já não pensava nisso com frequência – exceto nas visitas à Alemanha, onde muitos dos meus amigos ainda fumavam. Mas, enfim, vamos voltar à história principal!

Em novembro, me vi de volta ao Aeroporto de Munique, pronta para pegar um voo e embarcar em uma nova aventura que me levaria para a Costa Oeste dos Estados Unidos.

Ao aterrissar, peguei um táxi com destino à Sansome Street. Nas primeiras semanas, o BCG havia providenciado uma acomodação temporária perto do escritório no distrito financeiro, me dando tempo para procurar uma residência mais permanente. Logo, encontrei um andar pintado com cores alegres e um deck nos fundos, em uma casa vitoriana na Shotwell Street, no bairro Mission. Não foi apenas o clima mais quente, a ausência de névoa e a abundância de sol (São Francisco possui vários microclimas) que me conquistaram, mas também o ambiente único do bairro e a cozinha verde e azul.

Desde a variedade de restaurantes latinos até as lojas e bares descolados nas ruas Mission e Valencia, o bairro claramente se destacou como a melhor escolha. Além disso, eu adorava sua proximidade com Potrero Hill e Mission Bay, que ofereciam excelentes opções de restaurantes e, mais importante ainda, alguns dos meus pontos favoritos para dançar às noites de quinta-feira e fins de semana, como o Café Cocomo e The Ramp.

Um benefício extra de frequentar o Café Cocomo era o bartender atento, que frequentemente ficava de olho em mim, resultando em uma abundância de bebidas gratuitas – embora, para ser sincera, eu estivesse lá principalmente para dançar, geralmente chegando de carro e atenta ao dia de trabalho que se aproximava. Indulgar em grandes quantidades de álcool não seria a escolha mais sensata, então me limitava a uma mimosa ou um copo de vinho...

Fora dessas noites loucas de quinta-feira, comecei logo a fazer aulas de flamenco e dança Afro-Cubana no Dance Mission, refinei meu samba no pé em aulas com o grupo de Mary Dollar e meu salsa Cubana com Ramón Ramos, que também se tornou um amigo próximo. Nós até organizamos algumas aulas de salsa para eventos sociais do BCG depois. Mas estou me adiantando... Então, vamos começar do começo:

Me vi de volta no BCG, esta vez no escritório de SFO, recontratada e pronta para voltar ao ritmo das coisas.

Naquela época, eu achava que eles seriam justos comigo, oferecendo um salário competitivo, compatível com o mercado. Afinal, eu tinha dedicado mais de 12 anos de trabalho árduo à empresa no passado.

No entanto, eu negligenciei fazer a minha devida diligência. O salário que me ofereceram parecia atraente, especialmente vindo da Argentina – um mercado com valores de moeda bem diferentes, padrões salariais inferiores e um custo de vida muito mais baixo na época. Eu falhei em fazer uma comparação adequada entre os dois e aceitei a oferta apressadamente, sem negociar o meu salário. Para ser sincera, mesmo que eu tivesse feito a devida diligência, talvez ainda tivesse descoberto que o valor estava de acordo com os padrões locais, embora ver os dados pudesse ter mudado minha perspectiva e me levado a negociar, já que não estava no topo desses padrões. Viver e aprender, como dizem... E não foi também em Munique que eu sub-negociei minha compensação? Está vendo um padrão?

Cerca de um ano depois, me deparei com uma revelação chocante: minha contraparte em Los Angeles estava ganhando uma vez e meia o meu salário! Isso apesar da minha vasta experiência e do meu cargo, que envolvia supervisionar uma equipe e escritório consideravelmente maiores, e com o custo de vida de Los Angeles sendo comparável ou até mais baixo naquela época. Essa era uma informação que eu não deveria ter descoberto, mas alguém se esqueceu de excluir o salário dela de uma planilha que usamos para determinar os aumentos anuais, e ali estava – uma revelação não intencional que me olhava de volta!

Fiquei devastada e pedi um ajuste, mas foi negado – os orçamentos já estavam finalizados há algum tempo. Em vez disso, minha chefe me garantiu que falaria por mim para conseguir um bônus maior, mas acabei descobrindo depois que isso não era viável devido às rígidas regras sobre bônus, apesar das intenções dela de compensar minha decepção. Eu já estava recebendo o maior bônus possível para minha categoria de pessoal, determinado pelo meu desempenho, e o grupo de sócios, embora reconhecesse minha dedicação, não queria criar um precedente nem ia ser fácil alterar o orçamento geral de bônus, que já havia sido enviado. Além disso, conseguir uma elevação de 50% era compreensivelmente uma tarefa difícil, e então, meu salário nunca foi corrigido da maneira que deveria. A única opção para um ajuste maior seria retirar esse valor de outros membros da equipe (já que nossos salários vinham do mesmo orçamento geral), e isso absolutamente não era algo que eu queria fazer. Estava 100% fora de questão.

Enfim, essa experiência fortaleceu minha decisão de deixar meu cargo de liderança após 3,5 anos em São Francisco, fazer as malas mais uma vez e voltar para a Argentina, dessa vez de forma mais permanente, com todos os meus pertences.

Mas antes disso, aproveitei ao máximo minha estadia em São Francisco, fazendo passeios pelos belos vales de Napa e Sonoma, com suas várias vinícolas, a deslumbrante viagem até Mendocino, rafting no rio, as praias próximas, o Tamalpais Park e as florestas com gigantescas sequoias. Também fiz algumas trilhas até o Lago Tahoe com amigos e dirigi pela Pacific Coast Highway até o sul da Califórnia, visitando lugares como Santa Cruz, Monterey, Carmel, Big Sur, Los Angeles, San Diego e até cruzando a fronteira mexicana para visitar Tijuana.

Em muitas dessas viagens, fui com minha amiga e colega Beatriz, que estava sempre disposta para uma aventura. Uma de nossas viagens para o Napa Valley acabou me levando ao hospital depois que beijei uma vespa. Havíamos reservado um quarto em um lindo bed & breakfast e estávamos aproveitando o sol no jardim, tomando café enquanto os anfitriões preparavam um delicioso café da manhã com waffles fresquinhos e tudo mais. De alguma forma, uma vespa entrou na minha xícara sem que eu percebesse. Embora eu tenha cuspido o pequeno malandro o mais rápido que pude, ele conseguiu me picar na língua. Café da manhã delicioso, adeus!

A parte mais assustadora foi que eu não deveria dirigir neste estado, então tive que dar à Beatriz – que não era exatamente uma expert em câmbio manual (para dizer o mínimo!) – uma aula intensiva de como dirigir meu antigo Eagle Talon. Conseguimos chegar à sala de emergência para tratar o inchaço perigoso da minha língua, enquanto nossos estômagos lamentavam alto a ausência daquele café da manhã luxuoso. Mas compensamos isso horas depois com um bom almoço.

Engraçado, no verão de 1990, no dia antes da minha data oficial de início como nova funcionária no BCG em Munique, eu tive um encontro infeliz com uma abelha que me picou na garganta, e acabei passando vários dias no hospital, sofrendo com a dor da picada por muito tempo depois. A vida é cheia de padrões, não é mesmo?

Enquanto eu vivia na Califórnia, durante as férias, minha amiga Manuela — das aulas de samba em Munique — e eu nos encontramos em Salvador, na Bahia, para o carnaval. O carnaval da Bahia é absolutamente louco! É melhor não levar nenhum objeto de valor por lá; mesmo com a polícia militar patrulhando implacavelmente as multidões, ainda senti as mãos de estranhos nos meus bolsos algumas vezes, no meio da muvuca. Um dos destaques foi a batucada contagiante em Salvador, junto com as performances espetaculares de várias bandas.

Também fizemos um passeio de barco em um dia, que foi o presente de aniversário da Manuela para mim, incluindo uma sessão de mergulho. O capitão do barco perguntou se tínhamos tomado algum remédio para enjoo de mar. Eu, orgulhosa, disse que nunca tinha sentido enjoo de mar antes (além disso, não sou fã de "medicação preventiva") – nem mesmo nas viagens de barco mais turbulentas ou na viagem de vela na Espanha depois de festejar a noite toda. Mal sabia eu que dessa vez seria diferente. Chegou a um ponto em que eu não conseguia nem manter água no estômago! No entanto, estava determinada a não perder a oportunidade de mergulhar. Curiosamente, uma vez debaixo d'água, o enjoo pareceu desaparecer, proporcionando um breve alívio, apesar de eu estar me sentindo extremamente fraca. À tarde, finalmente voltamos para a costa, famintas e com o estômago vazio! No caminho de volta do cais, de alguma forma, nos encontramos em um restaurante italiano chique, no meio de executivos elegantemente vestidos que terminavam almoços tardios, enquanto nós ainda estávamos de roupa de praia e biquíni molhado... Fiquei realmente feliz que nos deixaram entrar assim... Eu poderia ter comido um elefante inteiro! Mas optei por um prato satisfatório de massa com frutos do mar.

Depois, seguimos para outras cidades que celebravam o carnaval na costa, como Maceió, Recife e Olinda, onde os sons do frevo preenchiam as ruas. Também visitamos o Porto de Galinhas, próximo dali, conhecido pelo excelente snorkeling. Claro, tivemos que confirmar essa reputação por nossa própria experiência! Como uma pisciana, sempre senti uma forte e magnética conexão com o oceano. Os peixes amam a água, não é mesmo?

Em outra viagem de São Francisco, voei para Belize, aterrissando em Belize City. De lá, peguei um ônibus pela costa até as cidades Garifunas, como Dadringa, onde fiquei por uma noite, e finalmente cheguei a Placencia, onde aluguei uma das três cabanas à beira-mar. No começo, não sabia que seria a única a ficar naquela pequena extensão de praia. À noite, com o som das ondas do mar e as sombras das palmeiras dançando no telhado, foi ao mesmo tempo bonito e um pouco assustador estar sozinha lá, então decidi me mudar para um quarto em uma casa na cidade.

Com apenas nove dias no total, meus planos de mergulho foram frustrados por um furacão recente que tinha devastado as áreas subaquáticas, deixando ventos fortes em seu rastro. Apesar disso, consegui realizar um mergulho no final da minha viagem. Depois de enfrentar uma travessia de barco muito turbulenta até um banco de areia distante, onde os outros passageiros ficaram para fazer snorkeling, o instrutor de mergulho e eu nos aventuramos mais longe nas águas turvas. Embora o furacão tenha embaçado a água e obscurecido grande parte da beleza subaquática, lembro claramente do instrutor colocando uma enorme aranha preta d'água nas costas da minha mão – foi a primeira vez para mim e inesquecível! Outro destaque foi fazer amizade com o dono da loja de mergulho local, que mais tarde me levou para dançar punta em um bar. Conectar-se com os locais sempre enriquece a experiência de viagem, oferecendo uma visão genuína sobre o modo de vida deles.

De volta a São Francisco, me aprofundei nos estudos xamânicos e depois adicionei reiki básico ao meu repertório. Toda semana, eu dirigia até o local da xamã Isa para participar de sessões de jornada xamânica e outras terapias. Foi o começo de uma longa descoberta nos estudos holísticos. Embora esses estudos tenham sido brevemente interrompidos pelo meu próximo destino, Buenos Aires, acabei retomando-os no Brasil alguns anos mais tarde.

Minha estadia no caldeirão cultural de São Francisco também foi marcada por três relacionamentos românticos com homens de três culturas diferentes – Jamaica, Camarões e Nicarágua, sendo que um deles deixou uma marca profunda na minha vida, enquanto todos três proporcionaram grandes oportunidades para o meu crescimento pessoal. O que mais se destaca é o relacionamento com o meu namorado camaronês Olivier, que parecia literalmente ter ressurgido de uma vida anterior... Você já viveu isso? Você conhece alguém e sente como se já os conhecesse desde sempre. Isso não foi a única vez que aconteceu comigo. Aconteceu várias vezes! Quando você sabe, você sabe... André, o arquiteto jamaicano, também teve um lugar especial no meu coração. De fato, mantive contato com ambos por anos e, às vezes, nos encontrávamos quando eu viajava de volta a São Francisco para cuidar da papelada relacionada ao meu visto de reentrada. (Eu queria manter meu green card, o que acabou sendo uma jogada inteligente – graças ao empurrão da minha intuição, já que escolhi Nova York como minha nova casa sete anos depois de deixar os EUA para a América Latina).

Em uma das minhas viagens de volta à Europa, minha irmã Rosmarie e seu pequeno filho Moritz se juntaram a mim para uma aventura espontânea em Creta. Alugamos um carro para explorar a ilha, e a trilha sonora das nossas excursões vinha do Moritz, que transformava todo objeto que encontrava em um instrumento, enchendo o carro com sua música brincalhona e doce canto. Já fazia um bom tempo desde que eu viajei pela Europa, e essa foi minha primeira vez na Grécia – uma cultura que eu só conhecia das histórias de uma amiga que viajava lá regularmente, além dos muitos restaurantes gregos na Alemanha. Em um dia, fomos para as montanhas, seguindo o que parecia ser uma rota cênica até um mirante. Mas quando chegamos a um beco sem saída, nosso carrinho pequenino teve dificuldade para dar a volta. Não havia ninguém por perto, e definitivamente não queríamos passar a noite lá. Felizmente, conseguimos manobrar para sair... Cada curva da estrada literalmente prometia algo inesperado nessas montanhas.

De volta a São Francisco, no meu 40º aniversário, fiz uma grande festa. Meu senhorio tinha acabado de desocupar o andar abaixo do meu, e ele generosamente me deixou usar todo o espaço vazio para acomodar todo mundo. Preparei uma grande variedade de petiscos, incluindo algumas iguarias elaboradas, e dançamos salsa, samba e tango até nossos pés não aguentarem mais. Também foi o primeiro dia quente da temporada, então aproveitamos o deck dos fundos. Todos se divertiram muito. Eu não tinha feito muitas festas grandes de aniversário na minha vida, então essa foi realmente especial.

Mas, apesar do tempo agitado que passei lá e das paisagens atraentes da costa próxima, São Francisco nunca se sentiu como um lar para mim tanto quanto outros lugares, e eu também sentia falta de um clima mais quente. Além disso, minha experiência com o salário deixou um gosto amargo na boca. Enquanto isso, Buenos Aires me chamava de volta, despertando uma nostalgia do sul – provavelmente porque minha alma ainda sentia que havia negócios inacabados lá.

Além disso, eu estava pronta para algo novo e empolgante! Tinha a visão de abrir uma pousada voltada para entusiastas do tango, então decidi me lançar de cabeça e fazer isso acontecer. Vendi meu velho Mitsubishi Eagle Talon, empacotei minhas coisas e organizei para enviá-las pela costa até a Argentina, no extremo sul. E assim, meu capítulo em São Francisco chegou ao fim.

Ao refletir sobre essa fase da minha vida, duas lições profundas surgem: o poder transformador de mudar hábitos e a necessidade imperiosa de me defender e negociar com poder.

Sabedoria em liderança – principais aprendizados

Mude seus hábitos, mude sua vida

O processo de quebrar as correntes do tabagismo foi tanto árduo quanto imensamente recompensador. A decisão de parar, embora inicialmente assustadora, se mostrou inestimável. Além de recuperar o tempo precioso que seria desperdiçado com as inevitáveis pausas para fumar, os benefícios foram além da simples conveniência. Adotar um estilo de vida livre de fumo não apenas revitalizou meu bem-estar físico, mas também tornou a dança comigo uma experiência mais agradável para meus parceiros de dança. Pode-se dizer que o investimento nessa mudança trouxe dividendos a longo prazo.

A fase inicial foi o oposto do que eu esperava: tosse constante, ganho de peso, e uma sensação de cansaço e falta de energia devido às mudanças físicas e ao processo de adaptação. Mas estou feliz por ter perseverado, e nunca mais toquei em um cigarro.

Mesmo que você nunca tenha sido fumante, espero que meu exemplo inspire você a desafiar algum outro hábito limitante que tenha identificado em si mesmo. Você está procrastinando em um projeto importante? Está criando desculpas para evitar começar? Ou talvez seja viciado em dispositivos ou jogos? Consome muita comida não saudável ou ainda toma refrigerantes? (Uma dica: Pesquisar os ingredientes de algumas marcas populares pode motivá-lo a evitá-las.)

Aqui está o problema com os hábitos: eles são pegajosos. Por quê? – Porque nossos cérebros adoram a mesmice e o habitual. Eles tomam atalhos no pensamento e evitam o que percebem como risco, revertendo automaticamente para o conhecido, em vez de nos impulsionar a entrar no desconhecido. Seu hábito é parte do seu condicionamento, mantendo-o no piloto automático. Quando você quebra o padrão, seu corpo soa o alarme, convencendo-o de que mudar é perigoso. Você começa a dizer coisas como "Vou fazer isso amanhã." Seu corpo sabe que você está mentindo, então ele se acalma.

Não adie! Quanto mais você esperar, mais difícil se tornará, pois os hábitos ficam mais difíceis de mudar com o tempo. O melhor momento para mudar é agora. Quando você muda seus hábitos, você muda sua vida.

Defendendo os meus interesses

Fui forçada a encarar a dura realidade de subestimar o valor do meu trabalho, especialmente nas negociações salariais. Esse padrão de autodesvalorização, recorrente como um eco teimoso, exigia minha atenção. Quantificado em termos financeiros, não negociar meu salário resultou em um enorme custo: uma perda impressionante de quase 300 mil dólares em apenas três anos, além da falta de contribuições para meu fundo de aposentadoria durante dois anos do meu período na Alemanha.

Essa lição dolorosa sublinhou a necessidade urgente de quebrar esse ciclo prejudicial; de afirmar de forma assertiva o valor que trago à mesa; e de zelar por mim mesma e pela compensação justa. Isso me inspirou a me aprofundar nesse tema, abordar as crenças e padrões de pensamento que haviam mantido o padrão por tanto tempo, e transformar minha mentalidade de maneira que agora posso ensinar isso aos meus clientes.

Para todos os outros, isso serve como um lembrete tocante do potencial transformador que há em quebrar padrões, elevar nossa mentalidade e afirmar nosso valor, abrindo caminho para um futuro definido pela autoconfiança.

Você sabe que deveria ganhar mais do que está ganhando agora? Você merece um salário maior do que o que está recebendo a cada mês? Então é hora de negociar! Não adie; não vai ficar mais fácil depois!

Se você está se candidatando a um novo emprego e tem medo de que pedir o salário que realmente quer possa levar à rejeição, lembre-se disso: se você for realmente o candidato ideal para a vaga, muitas vezes você pode negociar um valor melhor do que o inicialmente oferecido. Quando perguntado sobre suas expectativas salariais, sempre comece mais alto do que o que realmente quer. Você pode negociar para baixo, mas é praticamente impossível negociar para cima depois que um número é declarado, e você pode se surpreender em conseguir mais do que esperava. Além disso, geralmente é muito mais difícil renegociar o salário depois.

Negociar salário não é o momento de agradar os outros. Na verdade, agradar os outros e priorizar a aprovação deles em detrimento das suas próprias necessidades é contraproducente na maioria das situações, pois muitas vezes significa colocar-se em último lugar. Essa abordagem não só prejudica seus próprios interesses, mas também pode prejudicar a qualidade do seu relacionamento com seu gerente. Para alcançar um resultado justo e evitar ressentimentos, decepções ou outros sentimentos que possam afetar o relacionamento, é essencial defender a si mesmo com confiança e assertividade.

Se você ainda não sabe como posicionar o valor que traz para o seu trabalho e como negociar efetivamente a compensação que merece, confira o meu curso *Dream Salary*. Ele ensina a mentalidade e os passos essenciais necessários para se preparar e navegar com sucesso uma negociação salarial.

*

A caminho do aeroporto, enquanto olhava pelas janelas do táxi, um filme de todas as experiências maravilhosas nessa cidade do Far West passava na minha mente. Apenas três anos e meio, e tanta coisa aconteceu! Uma das experiências é íntima e delicada demais para compartilhar aqui. Mas com certeza tocaria-me de forma profunda e mudaria algumas das minhas convicções daqui para frente.

Foi uma despedida agridoce. Eu estava deixando para trás um dos grandes amores da minha vida e queridos amigos, como Julia, André, Olivier, Beatriz, Ramón, Stefan, Corrie, María, Rick, José, Marija, Nii-Akanu, Katy, Tom, Vicky, meus vizinhos de baixo, e muitos outros. Percebi que eu tinha, de fato, muitos amigos ali e sentiria falta deles.

Capítulo 7
Caminhando por Buenos Aires com centenas de milhares nas minhas meias

Lições de perseverança, visão e serviço

V*ámonos de garufa* –vamos nos divertir – em Buenos Aires! *Garufa* é uma palavra em Lunfardo, título de um tango e também o nome que dei ao meu primeiro empreendimento. Significa algo como "diversão barulhenta", geralmente associada a uma noite dançando tango. Mas falarei mais sobre isso daqui a pouco! Primeiro as coisas importantes...

Em 2005, me mudei de São Francisco para Buenos Aires com um visto de investidor e um sonho no bolso. Para transformar esse sonho em realidade, eu precisava de dinheiro, o que significava transferir minhas economias para a Argentina. Para evitar o custo e o trabalho de trocar a moeda duas vezes – de dólares americanos para pesos argentinos e depois de volta para dólares para comprar uma propriedade – optei por uma rota mais incomum, frequentemente usada por pessoas ricas, mas pouco conhecida pelo público em geral.

Um amigo na Argentina me apresentou a uma pessoa do ramo de transferências de dinheiro. No entanto, a operação encontrou um obstáculo. Dias se tornaram semanas, e meu dinheiro ainda não havia chegado. A ansiedade tomou conta enquanto eu esperava, com todas as minhas economias em jogo.

Na época, eu também trabalhava como consultora externa no escritório do BCG em Buenos Aires, indo ao escritório uma vez por semana e viajando ocasionalmente para Santiago, no Chile, para orientar a equipe de lá. Um dia, depois do expediente, fiquei até mais tarde no escritório para usar a internet e rastrear os fundos desaparecidos. (Eu ainda não tinha internet em casa, já que estava em processo de instalação.)

Em um momento quase milagroso, encontrei meu dinheiro online. Não demorou muito, e nem me lembro exatamente como achei o lugar certo para procurar. Parecia que uma vozinha me guiava – intuição ou talvez um guia espiritual. Já teve essa sensação? Como se alguém sussurrasse no seu ouvido ou apontasse para onde você deveria olhar? Descobri que o dinheiro estava preso no caminho por falta de instruções corretas para o destino final. Era apenas uma falha no processo!

Esse dinheiro representava todas as minhas economias, exceto uma quantia menor que enviei por outro canal para atender às exigências do meu visto de investidor. Foi uma experiência angustiante. Pensei o tempo todo: *E se todo o meu dinheiro estiver perdido?*

Consegue imaginar o alívio quando o encontrei? Nada mais de noites sem dormir. Agora era só questão de mais alguns dias para o processo ser concluído. Primeiro obstáculo superado!

O próximo passo do meu plano era encontrar a propriedade perfeita para meu projeto de *bed & breakfast*. Um arquiteto, amigo de um ex-colega, encontrou um lugar que parecia atender aos meus requisitos. Foi assim que, após uma busca surpreendentemente curta, descobri uma casa em Palermo Hollywood, bem no coração de um movimentado distrito de restaurantes. Era a localização ideal, e com algumas reformas, a casa seria perfeita para meus propósitos.

A compra da casa foi mais aventureira do que eu esperava. A transação exigia pagamento em espécie, e a realidade disso ficou evidente quando me vi numa sala de reuniões do banco, literalmente contando os dólares. Para isso, primeiro precisei transportar o dinheiro até o banco do vendedor. Sem carro e com avisos de não pegar táxi devido ao alto risco de assaltos (havia relatos de motoristas mirando clientes que carregavam grandes quantias), enfrentei um grande desafio.

Assim, em um dia escaldante de verão em Buenos Aires, carreguei centenas de milhares de dólares pela cidade, escondidos nas meias. Cada passo era cheio de tensão – um movimento errado e todas as minhas economias poderiam desaparecer! Economias que levei mais de 15 anos para acumular. Essa experiência me ensinou algo valioso: Quando você realmente quer algo, às vezes é preciso correr riscos.

A reforma levou mais tempo do que o esperado, devido às grandes mudanças que solicitei: converter uma pequena piscina em um deck, transformar a garagem em cozinha, e remodelar toda a casa. Isso incluiu instalação de ar condicionado, construção de três banheiros, pintura de tudo por dentro e por fora, além de mobiliar com peças únicas. A maioria dos móveis veio de leilões nos subúrbios, combinados com itens que trouxe na mudança. Foi uma alegria transformar aquela tradicional *casa de salchicha* em um refúgio vibrante e colorido. Cada quarto e banheiro tinha duas cores dominantes, com azulejos artesanais como destaque.

Fiquei encantada com o resultado final. Contratei uma funcionária para cuidar dos quartos e preparar os cafés da manhã diários. Abrimos o B&B em 12 meses, a tempo de atender aos requisitos do visto de investidor: abrir um negócio e gerar pelo menos um emprego. Apesar de todos os desafios, consegui fazer acontecer dentro do prazo!

Organizei uma grande festa para praticamente todos que conhecia em Buenos Aires: o arquiteto e o empreiteiro que ajudaram na reforma, amigos da dança, ex-colegas e até minha antiga vizinha, Yaya. A casa estava cheia. Servi empanadas feitas em casa, o vinho argentino correu solto, e claro, a dança foi o ponto alto da celebração.

Graças ao atendimento impecável, café da manhã delicioso e dicas exclusivas, o Garufa rapidamente alcançou o topo do TripAdvisor e manteve a posição por quase todo o tempo em que esteve aberto. Também foi destaque em revistas como *Hoteles* e guias de viagem, como *Lonely Planet*.

Mas um detalhe ainda me assombrava: eu não tinha a licença de funcionamento. Como descobri mais tarde, muitas outras pousadas também não tinham! Parece até que as autoridades faziam isso de propósito, criando um sistema de propinas. Mas eu não cedi. Recusei pagar multas injustas e levei o caso à Justiça. Contei com a juíza certa, no momento certo, e ganhei.

Essa experiência me mostrou que, com perseverança e coragem, é possível enfrentar adversidades e sair vitoriosa. Mais histórias empolgantes vêm aí no próximo capítulo!

Sabedoria em liderança – principais aprendizados

A perseverança compensa

Ao relembrar aqueles dias tumultuados, sou lembrada do poder da perseverança – a crença inabalável de que, com determinação e coragem suficientes, até os desafios mais assustadores podem ser superados. Meu tempo em Buenos Aires foi mais do que apenas um capítulo da minha vida; foi um testemunho do espírito indomável da alma humana, uma jornada de autodescoberta e transformação, e uma preparação para os desafios que viriam... porque a corrupção existe em qualquer parte do mundo, e eu certamente a encontrei na minha experiência como empresária no Brasil. Acredito que esses desafios também me prepararam para os tempos intensos que começaram em 2020; eles me deram força, porque, embora eu não seja fã de negatividade, há alguma verdade no ditado: "O que não te mata, te fortalece."

Líderes visionários precisam de sonhos porque... sonhos se tornam visões

Líderes visionários são sonhadores e assumem riscos. Esses sonhos se transformam em visões. Para implementá-las, precisam estar preparados para experimentar novas formas de agir e tentar coisas diferentes.

Ouvi muitas vezes: "Sonhos não se realizam. Planos sim." Mas não existem grandes planos sem grandes sonhos. Transformamos nossos sonhos em visões, definimos metas e elaboramos um plano; a visão funciona como nosso GPS, e as metas, como marcos no caminho. Crie sua própria visão poderosa e deixe-a te guiar. Está tudo bem ser criativo até em áreas onde você não se sente 100% preparado, como quando criei meu próprio show de tango, contando uma história no palco; ou quando iniciei meu primeiro negócio – sem nenhuma experiência prévia no setor de hospitalidade, além da de cliente. Aprendi fazendo, como aconteceu com várias outras atividades profissionais que realizei com sucesso ao longo dos anos. E sempre há especialistas a quem recorrer ou contratar para obter ajuda, conselhos ou orientação.

Serviço de excelência atrai mais clientes

Destacar-me por meio de um serviço excelente claramente valeu a pena para mim como proprietária de um *bed & breakfast*. Facilitei para que meus hóspedes tivessem uma estadia agradável em Buenos Aires e até os aconselhei sobre viagens para outras partes do país. Como eu mesma tinha viajado extensivamente, principalmente de ônibus, adquiri um conhecimento sólido sobre cada região e clima, o que ajudava meus clientes a encontrar as opções mais adequadas para eles.

Esse serviço abrangia desde a experiência de reserva (facilitando que me encontrassem no TripAdvisor e oferecendo um site em cinco idiomas), aceitação de pagamentos em três moedas, fornecimento de informações turísticas fora do comum para tornar a estadia especial, obtenção de ingressos para o melhor pacote de show de tango (excelente local, espetáculo e comida), café da manhã delicioso, ambiente acolhedor e um link conveniente para a avaliação, que não levava mais de três minutos para ser preenchida. Eles recebiam um pacote completo. Ainda guardo o livro de hóspedes com todos os comentários de apreço escritos nele...

*

Agora, como prometido, deixa eu te contar as coisas divertidas...

Capítulo 8
Paixão e holofote: tango, filmes e amizades

Lições sobre sair da caixa

Logo após me mudar para Buenos Aires, conheci Ana María, que se tornou minha amiga mais próxima e me acompanhou em todos os momentos, bons e ruins. Eu às vezes cozinhava – Ana María adorava meus curries de camarão picante e meus pratos italianos – e nós nos sentávamos à minha grande mesa de jantar rústica, conversando por horas e horas. Ana María depois me apresentou à Marcela, que frequentemente nos convidava para sua casa para deliciosas refeições com toda a sua família. Esses se tornaram momentos inesquecíveis para mim, pelos quais sou imensamente grata. Minha amizade com Ana María durou muito além do meu tempo na Argentina, e ainda de vez em quando nos falamos. Ela continua sendo uma das pessoas-chave do meu círculo de amigos espalhados pelo mundo – aquelas pessoas que sinto que estava destinada a conhecer por razões profundas. Não havia como evitar.

Como eu tinha um grande espaço ao ar livre com churrasqueira no andar superior, frequentemente convidava amigos para um tradicional *asado* (churrasco). Nós assávamos, dançávamos e nos divertíamos, geralmente nas tardes de domingo, quando os hóspedes do B&B estavam passeando. Todos adoravam vir, e eu não me importava de passar o resto da noite lavando pratos depois – essas reuniões sempre valiam a pena!

Minha vizinha, Norma, que tinha uma empresa de casting, e eu também nos tornamos boas amigas. Foi assim que tive a oportunidade única de fazer papéis de extra em dois filmes notáveis, *Negro Buenos Aires* e *The City of Your Final Destination*. Norma gentilmente me convidava para participar quando surgiam oportunidades adequadas, como quando precisavam de dançarinos de tango para uma cena. Foi uma ótima experiência não apenas estar diante das câmeras, mas também vivenciar o que acontecia nos bastidores.

Uma vez, precisei passar por uma cirurgia simples no pé para remover uma mancha maligna. Como dançar (especialmente de salto) e caminhar não eram recomendados, decidi tirar o melhor proveito da situação. Fiz as malas e fui direto do consultório para a rodoviária, pegando uma viagem de cerca de 12 horas até Mendoza, famosa por seus excelentes vinhos e belas vinícolas históricas. Enquanto estava lá, fiz várias excursões de um dia em ônibus locais pela região e passei dois dias em San Juan. Pensei que caminhar um pouquinho estava ok... e estava mesmo.

Como você pode ver, sempre encontro uma forma de continuar me movimentando, embora, admito, tenha ficado mais difícil no dia em que torci o tornozelo... Mas mesmo assim, fiquei pulando de um lado para o outro nas escadas de casa com uma perna só e logo voltei para a pista de dança, com uma bandagem de apoio, mas sem os saltos.

Um dos momentos mais memoráveis da minha estadia em Buenos Aires foi o show de tango que criamos nós mesmos. Nossos instrutores de tango, Ernesto e Norma, iniciaram um projeto onde cada um de nós teve a oportunidade de criar e dirigir sua própria apresentação de tango, com uma história inventada por nós mesmos. Todos participamos dos shows uns dos outros, que foram apresentados como parte de um evento público organizado pelos nossos instrutores. Para o meu show, decidi contar uma história através das pernas dançantes de um casal de tango, e o resultado foi incrível! Usei uma cortina que cobria o corpo dos dançarinos da cintura para cima, de forma que o público só via as pernas deles. (Ainda me sinto um pouco orgulhosa dessa ideia.)

Ver meu próprio conceito, roteiro e direção ganharem vida no palco no dia do show foi verdadeiramente gratificante, e fiquei feliz em contribuir para o sucesso das produções dos meus colegas também. Todos dançamos nos shows uns dos outros — uma experiência maravilhosa!

As noites de tango sempre começavam tarde. Eu normalmente saía por volta das 22h30 ou 23h, mas a maioria das pessoas só chegava à meia-noite. Havia até uma milonga de *after-hours* em Palermo Viejo para onde íamos quando as outras milongas fechavam por volta das 4h da manhã.

A cena do tango é uma ciência em si mesma, rica em regras e tradições. Uma dessas tradições é o *cabeceo* – contato visual sutil, muitas vezes acompanhado de um pequeno aceno de cabeça. Isso pode ser facilmente interpretado de forma errada, levando a momentos constrangedores, como se levantar para perceber que o aceno era para outra pessoa – ai, que vergonha! Quando a seguidora não quer dançar, ela simplesmente não responde ao contato visual dele. Se ela responder, o líder normalmente se aproxima da mesa dela para convidá-la para dançar (tradicionalmente, a seguidora é mulher e o líder é homem, embora isso possa, claro, variar).

Cortinas são pequenas músicas entre as *tandas* (blocos de três a cinco músicas). Elas sinalizam para os dançarinos voltarem para os seus lugares e limparem a pista. A etiqueta dita que você deve dançar com o mesmo parceiro até o fim da *tanda*, o que pode ser uma delícia, uma dor ou qualquer coisa entre os dois. Em ambientes de tango mais tradicionais, é considerado inaceitável que a seguidora deixe a pista antes do fim da tanda, especialmente se ela não for uma das dançarinas mais bem classificadas. Fazer isso pode ter repercussões sociais significativas e até afetar a sua posição na comunidade de tango. A cena do *tango nuevo*, por outro lado, tende a ser mais flexível, com regras mais relaxadas e tradições não tão rígidas.

Há uma abundância de livros que descrevem as tradições do tango. Ao longo dos anos, traduzi dez livros sobre o tango argentino, assim como a cultura do chá de yerba mate, para o alemão, para a editora Abrazos, que pertence ao meu amigo Daniel Canuti. Essa experiência me ensinou muito sobre a história do tango e do lunfardo, a gíria de Buenos Aires e a cultura do tango. O Lunfardo, uma gíria que inclui muitas palavras de origem italiana, assim como o *vesre* (mistura de palavras, de *"revés"* ou *"al revés"*, que significa "o contrário" ou "de cabeça para baixo"), é bastante presente nas letras de tango. Depois de traduzir várias letras de tango para um livro sobre Carlos Gardel, além de outros volumes, fiquei bastante habilidosa em entender e usar o Lunfardo.

Em Buenos Aires, meu repertório de dança se expandiu além do tango e da milonga. Também aprofundei minhas habilidades no zouk Brasileiro com meu amigo Claudio (mesmo que essa dança nunca fosse ser meu ponto forte – meu corpo simplesmente não é feito para ela), e depois, me aventurei no aprendizado de samba de gafieira. Essa nova paixão pelo samba de gafieira me levou até a fazer viagens curtas ao Rio de Janeiro para treinamentos e práticas, com minhas primeiras aulas sendo com Rodrigo Marques e Carol Vilanova. Procure-os online! Eles são verdadeiras estrelas, e você terá uma maravilhosa amostra dessa dança intricada.

Essas experiências despertaram uma profunda afeição por Rio de Janeiro, uma cidade que eu havia conhecido apenas durante breves visitas de um ou dois dias. E foi isso que eventualmente levou a um novo capítulo na minha vida... mas antes disso, ainda precisei vender minha casa em Palermo e organizar minha mudança... não a última da minha vida, com certeza.

Isso é notável porque eu uma vez acreditei que poderia ficar em Buenos Aires indefinidamente, se não para sempre. Curiosamente, não seria a última vez que tive tais pensamentos sobre um lugar.

Sabedoria em liderança – principais aprendizados

Sair do nosso campo habitual de ação amplia nosso horizonte

Explorar novas empreitadas além do nosso campo usual de especialização não só enriquece nossas vidas, mas também expande nossas perspectivas. Seja escrevendo e dirigindo um show de tango, atuando como extra em um filme ou traduzindo letras de tango do Lunfardo, essas experiências me permitiram descobrir talentos ocultos e encontrar uma nova empolgação. Elas me lembraram que o crescimento muitas vezes está fora da nossa "zona conhecida", oferecendo novas ideias e conexões. Especificamente, a encenação de um show de tango me inspirou a confiar na minha criatividade e explorar o papel de diretora/coreógrafa, algo que eu nunca imaginei que faria.

Pode ser extremamente revigorante abraçar o desconhecido. Sempre há um mundo de oportunidades do outro lado. Você está se sentindo preso ou entediado de alguma forma? Experimente algo novo! Saia da sua rotina e veja onde a aventura te leva. O desconhecido está cheio de surpresas!

Comece fazendo uma lista curta de coisas que você sempre quis fazer e escolha uma para começar... agora!

*

Ao embarcar no avião para minha partida da grandiosa cidade de Buenos Aires, fui tomada por um sentimento de gratidão – pelas dificuldades superadas, pelos aprendizados e pelos sonhos realizados. Mas também pelos muitos amigos queridos que fiz por lá: Ana Maria, Claudio, Gianna, Mario, Yaya, Mónica, Marcela, Alejandra, Vale, Norma, Ernesto, Omar, Eduardo, Alejandro, Alberto, Mariano, Miguel, Oscar, Jorge, Lucas, Gonzalo, Laura, Dani, Adriano, e tantos outros... Dizer adeus é sempre a parte mais difícil.

E enquanto me lançava no próximo capítulo da minha jornada chamada vida, carregava comigo a sabedoria duradoura adquirida durante meu tempo na Argentina – o conhecimento de que, com coragem e determinação, tudo é possível.

Capítulo 9
Rio de Janeiro – dançando através do céu e do inferno

Lições sobre autossuficiência, autoperdão, escolhas deliberadas e resiliência

Durante o primeiro ano no Rio de Janeiro, achei que nunca sairia desse lugar absurdamente belo. Parecia que eu havia caído de um avião direto para o paraíso. Adorava o clima tropical e a vegetação exuberante, o oceano com suas grandes e lindas praias logo ali, e a floresta tropical com suas trilhas e cachoeiras entrelaçadas com a cidade. Os morros, como o Pão de Açúcar, ofereciam vistas deslumbrantes. A cultura vibrante, repleta de samba e outras danças, me cativou. O voo de parapente em São Conrado, embora tenha vivido essa experiência muito depois, foi a cereja do bolo.

A beleza indescritível do Rio está para sempre gravada na minha memória em suas inúmeras cores, apesar de suas muitas sombras, como as altas taxas de criminalidade e as favelas controladas por drogas e gangues... e minha própria experiência com meu sócio fraudulento, tudo isso também transformou meu tempo no Rio em uma série de lições e, como resultado, um enorme crescimento. Mas, deixe-me começar do início...

No final de 2008, quando cheguei ao Rio de Janeiro, pronta para uma nova vida, estava eufórica com a perspectiva do meu próximo projeto, embora sua forma exata ainda não tivesse se cristalizado na minha mente.

Lembro claramente de estar sentada sobre a sólida Pedra do Arpoador, estrategicamente localizada entre as praias de Copacabana e Ipanema, que brilhavam sob o sol da tarde. Enquanto olhava o oceano e as praias agitadas em ambas as direções, uma profunda realização surgiu em minha mente: Este é o meu novo lar! Meu coração se encheu de alegria e entusiasmo. Tudo jóia!

Sempre apreciei a sensação de chegar a um novo lugar, pronta para uma nova aventura, ansiosa para aproveitar suas oportunidades enquanto antecipava as inevitáveis reviravoltas que a vida traz. Mas isso era especial: era majestoso.

Gradualmente, fui ganhando clareza sobre qual negócio lançar a seguir. Queria que seu núcleo fosse sobre dança, talvez até mesmo dança terapia. No entanto, eu não tinha formação em dança terapia, e não queria apenas ser a administradora do lugar; então, depois de um tempo, decidi mudar para "estúdio de dança e bem-estar".

Agora, provavelmente está claro de onde veio o aspecto "dança" do novo negócio, não é? Adicionei o componente de bem-estar por três razões: Primeiro, comecei a estudar BodyTalk e depois acrescentei ThetaHealing, Reconnective Healing e outras modalidades ao meu repertório holístico. Segundo, embora amasse dançar, não estava no nível de ensinar. O que queria era participar ativamente das atividades oferecidas. Por fim, queria oferecer sessões de ioga, pilates e massoterapia. Daí o "bem-estar".

Explorei vários locais em potencial para o negócio, novamente armada com um visto de investidora que exigia que eu fizesse um investimento dentro de um prazo específico. Enquanto isso, comecei a fazer aulas de samba de gafieira com um instrutor de dança que, mais tarde, se tornou meu – spoiler – (fraudulento) sócio. Prefiro não divulgar seu nome aqui, pois este livro não é sobre apontar dedos; é sobre compartilhar lições aprendidas. O karma tem sua própria forma de lidar com as coisas, e pode ser uma grande sacana. Então, vamos chamá-lo de X. Mas, primeiro as coisas de sempre:

Encontrei um apartamento lindo, espaçoso, com uma enorme varanda na área da Praia do Flamengo, e foi amor à primeira vista. Embora fosse grande demais para mim, eu estava esperando minhas coisas da Argentina e tinha guardado muitos móveis do B&B que havia adquirido com tanta dedicação em leilões e outros lugares. O proprietário do apartamento exigia que eu pagasse um seguro muito caro ou tivesse um fiador que possuísse pelo menos dois imóveis. Fiz um acordo com X, que estava buscando quitar a hipoteca de um pequeno apartamento. Combinamos que eu pagaria antecipadamente uma série de aulas individuais com ele, que eu pretendia fazer de qualquer forma, beneficiando ambos. Consegui o apartamento, me mudei e adorei! Era apenas algumas quadras do Parque do Flamengo e da praia, convenientemente localizado ao lado do metrô. Minha sala de estar tinha uma linda vista para um morro verde com uma favela no topo, de frente para uma rua tranquila. Havia uma árvore incrível na janela do meu quarto, exalando um perfume rico enquanto florescia. Às vezes, até dormia na minha espreguiçadeira do jardim na varanda.

Um dia, enquanto passeava pelo bairro da Tijuca, descobri o que parecia ser a casa perfeita para o meu negócio. Era uma pequena escola à venda, precisando de alguns reparos e uma nova pintura, mas estava exatamente certa para o meu projeto. Também se alinhava com os planos de X de expandir sua presença para esse bairro, além de seu outro estúdio. O Universo parecia tê-la colocado bem no meu caminho. Comprei o lugar e contratei um empreiteiro, amigo de X. Logo ficou claro que o trabalho era grande demais para ele. Ele cortou custos com materiais baratos e, um dia, no final da obra, um pintor apareceu com uma arma no local de construção porque o empreiteiro não o havia pago.

Com sérios defeitos surgindo, precisei pegar dinheiro emprestado de familiares e amigos para contratar um segundo empreiteiro que pudesse consertar as instalações com materiais melhores. No Brasil, eu tinha que pagar tudo em dinheiro – desde o imóvel até a reforma e os móveis – assim como havia feito na Argentina. Não tinha a opção de empréstimo bancário.

Finalmente, o lugar foi terminado, sua fachada verde brilhante reluzindo ao sol. Contratei funcionários para limpeza e recepção, e nos preparamos para o dia da inauguração. Karla da Silva, uma amiga musicista, com cuja música eu dançava frequentemente nas casas de samba na Lapa, concordou em trazer sua banda de graça como presente de inauguração.

Enquanto isso, X e eu tínhamos os olhos em outro projeto na Lapa, uma casa de samba que considerávamos transformar em restaurante com dança. Parecia uma oportunidade de ouro, mas logo azedou. Depois que assinei o contrato com X e depositei dinheiro em uma conta conjunta, o terceiro sócio fez exigências exorbitantes, fazendo o projeto desmoronar. Quando tentei recuperar meu dinheiro, descobri que X havia pegado uma grande quantia para comprar um carro novo. Chocada e traída, pedi que ele pegasse um empréstimo e me pagasse, mas ele recusou, alegando altos custos. Isso gerou um grande conflito, afetando nosso outro negócio e as aulas de dança pagas antecipadamente. Trabalhar – ou até mesmo dançar – com alguém que havia desviado meu dinheiro parecia impossível. Além disso, eu o havia pago pelo uso de sua marca, que era crucial para atrair clientes para o meu negócio, já que, sem seu nome, um novo estúdio de samba enfrentaria uma grande concorrência já estabelecida numa cidade como o Rio de Janeiro.

Enfrentei uma perda tripla: as aulas de dança pré-pagas, a taxa da marca que paguei e um negócio que seria muito mais difícil de administrar e gerar lucro... tudo isso com a inauguração se aproximando rapidamente. Para complicar ainda mais, tive que lidar com evangélicos locais me atacando por causa do nome que ingenuamente escolhi para a parte de bem-estar do negócio, Yemanjá, a deusa afro-brasileira do mar. Escolhi esse nome porque, para mim, ela era um símbolo do oceano. A proximidade do Rio com o mar, que eu adorava, e meu signo de peixes, tornaram-no significativo para mim. E assim foi que encontrei pombos mortos no meu quintal, jogados por pessoas que ironicamente usavam práticas de candomblé contra mim, enquanto oficialmente condenavam tudo o que fosse relacionado aos deuses de raízes africanas. Tanto pela "santidade"...

Para completar, tínhamos morcegos nas árvores em frente à casa. Apenas dias depois de pintar a fachada de verde brilhante, ela estava coberta de manchas marrons de fezes de morcego, assim como a entrada e o quintal. Eu queria chorar. As manchas nunca saíram da fachada, e tivemos que escovar os pisos diariamente por meses antes e depois da inauguração, apesar de termos instalado luzes especiais para espantar os morcegos. Limpar as fezes de morcegos foi a última coisa que eu queria fazer.

No geral, foi um começo difícil depois de investir todas as minhas economias e mais de um ano de trabalho nesse negócio físico, sem contar a burocracia do pesadelo e os funcionários públicos condescendentes que esperavam subornos (os quais eu nunca paguei).

Ainda assim, tivemos a festa de inauguração, com menos convidados do que o planejado devido à falta de promoção de X. Fiz o meu melhor, fazendo uma apresentação de bolero com um amigo bailarino, Leo, e passei o resto da noite dançando samba e forró.

Tentei manter o negócio funcionando, fazendo o meu melhor para atrair clientes, mas eles eram escassos. Tinha alguns regulares para pilates, para os quais investi em uma variedade de equipamentos, assim como para ioga, e um pequeno grupo frequentava as aulas de dança.

Enquanto isso, me mergulhei no samba de gafieira com dançarinos e instrutores incrivelmente talentosos, principalmente com Hugo Roberto, e ocasionalmente com Rodrigo Marques, Leo Fortes, Flávio Marques e Ana Paula Pereira. (Procure-os no YouTube – são dançarinos fabulosos!) Essas aulas me mantiveram viva e motivada. Caminhadas matinais pela ainda deserta Praia do Flamengo me proporcionaram um pouco de paz. Minha amiga Miriam, de São Paulo, costumava ficar na minha casa enquanto trabalhava no Rio, e depois comecei a alugar alguns quartos para gerar uma renda extra. Também voltei a fazer mais traduções.

No entanto, eventualmente, tive que encarar a dolorosa verdade: os custos para manter o lugar eram insustentáveis. Relutantemente, decidi fechar o negócio e vender tudo o que havia comprado para ele – móveis, equipamentos, tudo – por uma fração do seu valor. Vender a casa apresentou outro desafio, pois questões de documentação que não haviam surgido quando a comprei agora vieram à tona. Isso atrasou a venda por meses, gerando despesas adicionais.

Sentia que todo o meu mundo estava desmoronando. Os "deveria ter feito" e "não deveria ter feito" giravam incessantemente na minha cabeça, destruindo minha autoestima e afundando minha confiança. Nunca vou esquecer essa sensação. Por um tempo, evitei dançar em público, com medo de que todos soubessem o quanto eu tinha sido "ingênua e estúpida". Eventualmente, voltei para a pista de dança e retomei minhas aulas com Hugo, mas minha vida no Rio nunca foi a mesma.

Lidar com os órgãos públicos para organizar os papéis da casa e tentar vendê-la foi como uma tortura. Em um momento, tive que contratar um advogado para contestar uma conta de água ridiculamente alta imposta pelos funcionários corruptos da companhia de serviços públicos – uma prática fraudulenta que afetava muitos outros, como descobri depois. Não foi um período fácil. Você consegue sentir isso?

Decidi processar X para buscar justiça. Contratei três advogados diferentes para os três processos, sendo que um deles acabou sendo um golpe, embora só tenha descoberto isso muito depois. Ganhei dois casos, mas quando os julgamentos saíram, eu já tinha me mudado para Nova York. O real brasileiro perdeu valor frente ao dólar americano, e eu também precisei pagar aos advogados uma porcentagem. O terceiro caso ainda está parado no sistema de "justiça" e esse advogado parou de responder minhas ligações. Provavelmente foi comprado pelo meu adversário, ou então ele desistiu... No geral, foi uma grande perda financeira.

Toda essa experiência, que se estendeu por vários anos, foi extremamente dolorosa. No entanto, não considero uma perda de tempo. No fundo, nada realmente é. Cada situação e cada pessoa que encontramos ao longo da vida é um espelho de algo que precisamos curar dentro de nós. Essa provação não foi uma exceção. Também me ensinou lições valiosas, que compartilharei ao final deste capítulo. E... sem essa experiência, provavelmente não estaria fazendo o que faço hoje. E tive a sorte de ter amigos maravilhosos como Sabrina, Ahmyna, Luciana, Patricia, Raquel, Hugo, Daisy, Adriano, Miriam, Fábio, Giselle, Cris e muitos outros.

Durante esse período tumultuado, fiquei gravemente doente com dengue. Conduzi os sintomas por meses usando técnicas de cura holística que tinha aprendido. No entanto, dado que também era um momento de grande estresse, a doença piorou a ponto de eu só conseguir comer frutas. Até vegetais me faziam sentir mal só de olhar para eles, e minha pele começou a ficar vermelha. Isso aconteceu durante um seminário de ThetaHealing que eu estava participando. O grupo fez uma cura em mim, o que me proporcionou alívio temporário.

Uma semana depois, ainda com a pele avermelhada, minha amiga Miriam me incentivou a me consultar em um hospital próximo. Descobriram que eu mal tinha sangue nas veias, tornando o exame de sangue uma verdadeira tortura. O diagnóstico foi dengue. Fui internada imediatamente, sendo reidratada por soro. Em poucos dias, já estava estável o suficiente para voltar para casa. Pedi para ser liberada por minha conta, porque queria estar no ambiente familiar da minha casa, embora o meu quarto do hospital fosse bastante confortável e a comida não fosse tão ruim. Essa experiência foi um contraste total com a minha posterior internação em Nova York por malária, mas falarei mais sobre isso em um capítulo futuro.

Durante toda essa turbulência, continuei meus estudos holísticos, o que foi uma grande bênção. Conheci amigos maravilhosos como Sabrina e Ahmyna, que estiveram ao meu lado nesses tempos desafiadores. A cura holística literalmente me salvou. Entender a mente subconsciente e o que impulsiona nossos padrões, aliado a sessões generosamente oferecidas pelos meus novos amigos, me ajudaram a sair do modo vítima e a adotar uma mentalidade de autoempoderamento. Também comecei a trabalhar na minha energia, reconstruindo minha autoestima e me perdoando – a parte mais difícil. Foi muito mais fácil perdoar meu "amigo" e sócio fraudulento do que perdoar a mim mesma. Você já experimentou isso?

A transformação raramente é um fenômeno repentino; ela se desenrola gradualmente, como um processo alquímico que exige tempo e paciência. Demorei um tempo para reconhecer a bênção dessa experiência: ela me ensinou lições profundas, principalmente a importância de assumir total responsabilidade – não apenas pelo que aconteceu nesse caso, mas por toda a minha vida. Deixei de lado a mentalidade de vítima e passei a ter uma postura de autoliderança, e percebi que a responsabilidade 100% sobre nossas experiências leva à liberdade 100%, embora eu não afirme ter dominado toda a profundidade desse insight em termos práticos ainda... Mas continuo trabalhando nisso todos os dias, o que é o que importa. Progresso, não perfeição.

A partir daí, minha vida tomou uma trajetória completamente nova. Operar a partir de uma perspectiva de autoliderança significa entender que os contratempos são temporários e que a resiliência reside dentro de nós. Uma mentalidade de autoliderança traz a percepção de que, quando caímos, sempre podemos nos reerguer. Só precisamos nos conectar com esse enorme poder dentro de nós.

Essa realização alimentou minha decisão de ajudar outros a abraçarem seu próprio poder. À medida que navegamos pelas lições da vida, somos apresentados a chances infinitas de evoluir e criar algo ainda maior. Ou, como gosto de dizer: "Quando a vida te der limões, faça um whiskey sour (ou, se você estiver no Brasil, talvez uma caipirinha)."

Embora eu geralmente prefira uma boa taça de vinho (e muita água em climas quentes!), no Brasil, caipirinhas e cerveja são os acompanhantes de jantar preferidos pelos não abstêmios. Durante meu tempo no Rio, desfrutei de várias caipirinhas, sendo a de maracujá minha favorita – sempre sem açúcar, pois não suporto bebidas doces. Gosto de uma caipirinha feita com uma cachaça de boa qualidade.

Há uma pitoresca vila no caminho entre Rio e São Paulo chamada Paraty, famosa pela grande variedade de cachaças e pelas suas charmosas ruas de paralelepípedos, exclusivas para pedestres, com casas brancas e portas e janelas pintadas de forma colorida. Paraty é renomada por produzir algumas das melhores cachaças do Brasil, e os visitantes podem degustar uma grande variedade dessas bebidas fortes e saborosas – pelo menos o tanto que conseguirem aguentar!

Entre minhas visitas a outros lugares como Porto Seguro (para dançar lambada zouk e axé), Angra dos Reis, Cabo Frio e Búzios, Itacaré se destacou para mim. Seu caráter artístico único, os impressionantes shows de capoeira com sua acrobacia e as belas trilhas que levam a praias encantadoras com vistas deslumbrantes ao longo do caminho tornaram a experiência verdadeiramente memorável.

Fiz muitos amigos maravilhosos no Rio de Janeiro, sendo um deles o excepcional artista de capoeira, Benedito, que conheci na Casa Rosa, no bairro Laranjeiras. Casa Rosa era um dos meus lugares favoritos aos domingos, onde as pessoas se reuniam para uma feijoada, servida com uma variedade de acompanhamentos deliciosos, aproveitavam a roda de samba com todo mundo dançando ao ritmo, e assistiam às hipnotizantes apresentações de capoeira.

Eu também adorava fazer longas caminhadas na Floresta da Tijuca. No Rio, você tem o luxo de literalmente caminhar da cidade para a mata tropical, com suas impressionantes cachoeiras e lagoas misteriosas. Às vezes, eu ia fazer trilhas mais profundas na selva com um amigo da dança que conhecia bem o caminho. E então, em 2010...

...Finalmente fui fazer parapente. Toda vez que eu pegava o ônibus ou a van para a praia da Barra da Tijuca, olhava para a Pedra da Gávea, em São Conrado, e pensava: "Um dia, vou fazer isso!" E agora, esse momento havia chegado. Minhas amigas Sabrina e Giselle me ligaram um dia e perguntaram se eu queria acompanhá-las. Se queria ir? Claro que sim! Fiquei empolgada!

Giselle tinha um amigo que trabalhava lá e foi ele quem fez o salto duplo comigo. Antes de decolarmos, ele comentou que uma mulher havia morrido algumas semanas antes porque não estava devidamente segura. Aparentemente, o cinto dela foi desconectado enquanto esperavam por um pequeno ajuste devido a uma leve alteração climática, e se esqueceram de conectá-la antes do salto. Assim que saíram para o ar, ela caiu e morreu. Depois de ouvir isso, verifiquei meu cinto com muito cuidado. Admito que fiquei um pouco nervosa. Embora eu seja muito aventureira de outras maneiras, esportes radicais ou saltar no vazio não estavam entre as atividades que eu faria sem pensar duas vezes.

Mas não havia dúvida de que eu queria fazer isso. Pela experiência de rapel em Petrópolis, eu sabia que as aventuras mais emocionantes e memoráveis são aquelas que exigem aquele primeiro salto no desconhecido. E assim, experimentei uma das vistas mais deslumbrantes sobre as colinas cobertas pela mata atlântica e as praias intocadas ao sul do Rio de Janeiro, se estendendo sobre o oceano. A única coisa que ainda me deixava um pouco ansiosa era a aterrissagem. No entanto, sabendo que aterrissaríamos em uma pequena área de grama macia ou na areia da praia, me acalmou. Embora minha aterrissagem não tenha sido a mais perfeita de todas, foi boa o suficiente. Ninguém se machucou, e um toque de aterrissagem ligeiramente imperfeito não diminuiu o resto da experiência.

O Rio de Janeiro é realmente um lugar maravilhoso! Quando as pessoas me perguntam qual dos lugares em que vivi é meu favorito, fico tentada a dizer o Rio por sua beleza natural incrível: as colinas, praias, cachoeiras e vegetação tropical fazem parte da cidade e seus arredores imediatos. No entanto, minha casa original perto dos Alpes da Baviera também merece uma classificação cinco estrelas, embora eu provavelmente a tenha dado como garantida quando era jovem. Então, penso em Madri, Munique, Buenos Aires e Nova York, com sua arquitetura bela e estilo único. Responder à pergunta fica impossível... mas o Rio sempre está no topo da lista.

Tenho inúmeras histórias do meu tempo no Rio, como cair na loucura do Carnaval e festejar de forma selvagem com Luciana, Sabrina e Cris; a noite em que corri pela minha vida depois de assistir a uma peça de teatro no centro do Rio, ou a vez em que fugi de assaltantes com minha amiga Carole, da Bélgica. Infelizmente, eles pegaram a bolsa dela enquanto eu escapei correndo mais rápido, mas felizmente nada mais sério aconteceu... nem dessa vez, nem nas outras em que me coloquei em situações arriscadas. Eu sempre me senti protegida nesse sentido.

Enquanto estava tendo o que seria minha última refeição de carne seca com aipim e tomando uma caipirinha de maracujá com minha amiga Ahmyna, pensava comigo mesma: Não é impressionante como os humanos são resilientes? Se eu tivesse sabido antes o que eu iria passar, teria escolhido me mudar para o Rio? – Certamente não. No entanto, se eu soubesse o que ia acontecer, teria feito tudo de forma diferente, kkk. A moral da história é: Com o tempo, tudo parece tão óbvio, mas quando estamos no meio disso, não parece. Então, todos os "deveria" e "teria" realmente não fazem sentido. Estamos exatamente onde devemos estar para aprendermos e crescermos, com experiências agradáveis ou dolorosas.

Eu estava pronta para um novo começo, e isso era tudo o que importava... embora o capítulo do Rio ainda me seguisse por um tempo.

Sabedoria em liderança – principais aprendizados

Seguir em frente requer uma mentalidade de autossuficiência

Embora a história com meu parceiro de negócios fraudulento tenha sido dolorosa, ela me ensinou uma lição importante e impulsionou um crescimento considerável no meu domínio da vida. Isso me forçou a sair da posição de vítima e adotar uma mentalidade de autossuficiência. Operar no modo vítima nos mantém estagnados, dificultando o avanço, apesar de nossos esforços. Empurrar contra a corrente simplesmente não funciona muito bem.

Era hora de eu assumir minha parte de responsabilidade na história: eu não fiz a devida diligência sobre o cara. Como se revelou depois, ele cometeu outras falcatruas com outras pessoas que confiaram nele. Eu não sabia disso... Talvez eu deveria ter perguntado mais, embora talvez não tivesse descoberto o que sei agora, fazendo isso. O mais importante, no entanto, é que eu poderia ter ouvido mais atentamente a minha intuição. Porque, em algum momento ao longo do caminho, houve uma voz que sussurrou: "Cuidado." Não era alta o suficiente, ou eu me recusei a ouvir porque essa colaboração parecia tão tentadora, e finalmente, eu não teria que fazer tudo sozinha, mas sim com alguém local que "sabia o caminho".

Simultaneamente, eu não queria cair na armadilha de me culpar, porque já estava me martirizando demais, e perdoar a si mesmo é, muitas vezes, a coisa mais difícil de fazer. Se culpar a si mesmo, embora a outra pessoa claramente tenha feito algo errado, é mais um sintoma de estar no modo vítima; é como se autoflagelar e sofrer com isso ao mesmo tempo.

Eu tinha que encontrar uma maneira de sair da vitimização e adotar uma mentalidade de autossuficiência. Essa mudança me permitiu assumir o controle da minha vida e das minhas decisões, aprendendo com o passado sem ser definida por ele.

O que você ainda está segurando e precisa deixar ir para avançar com sua visão e seus planos para a vida que deseja e para o líder que quer ser? O que está faltando para você se sentir verdadeiramente autossuficiente? Porque lembre-se disso: Ninguém pode te empoderar, exceto você mesmo. Seu poder já está dentro de você. Você só precisa se conectar com ele e praticar senti-lo. Isso é tudo.

Na verdade, não existe um poder real de fora. O seu poder intrínseco é a única coisa de que você pode sempre depender, e ninguém pode tirá-lo de você, a menos que você o entregue a eles.

O perdão próprio é fundamental para o avanço

Julgar e se ressentir de nós mesmos nos leva a sentimentos de culpa, uma das emoções de mais baixa vibração na escala. A culpa, como qualquer outra emoção "negativa", serve a um propósito temporário. Ela nos sinaliza para evitar repetir certos comportamentos, a fim de melhorar. No entanto, a culpa prolongada é prejudicial à nossa autoestima e autoconfiança, e nos leva à autossabotagem. Ela nos impede de avançar além do passado e de abraçar novas oportunidades. Sem o perdão – especialmente o perdão próprio – permanecemos ancorados no passado, reforçando padrões negativos de crenças que limitam o que podemos alcançar e nos barram de explorar nosso verdadeiro potencial.

O perdão é uma expressão de amor. E, se isso for verdade, o perdão próprio é uma expressão de amor-próprio. Para mim, perdoar a pessoa que me fez mal foi muito mais fácil do que me perdoar. Você pode se identificar com isso: você é seu próprio crítico mais severo? Tem dificuldade em praticar a autocompaixão... amor-próprio? Você se cobra mais do que cobra dos outros? É comum justificar isso dizendo: "Eu só tenho expectativas altas." Critérios elevados são louváveis, mas julgar-se por não saber melhor no passado não vai te ajudar a melhorar no futuro. Com o tempo, tudo parece mais óbvio do que na hora. Você não poderia ter sabido melhor naquela época, mas agora você sabe. Essa compreensão é o motivo pelo qual você suportou a dor em primeiro lugar. Aprender com a dor faz parte da vida. O que realmente importa é o aprendizado, reconhecer qualquer padrão que precise ser quebrado para evitar repetir os mesmos erros.

Quais padrões você identificou em sua vida que já resolveu ou ainda precisa resolver? Quais padrões em sua equipe precisam de atenção para evitar conflitos ou falhas no futuro?

Defender o que é certo faz você se sentir bem

Com certeza, tive muitas oportunidades na minha vida em que poderia ter escolhido a opção mais confortável, mas optei pelo que parecia certo para mim, mesmo quando isso me causava desconforto, porque exigia pesquisa, me informar em fontes nem sempre tão acessíveis e nadar contra a maré. Isso é o que líderes respeitáveis fazem: eles consultam muitas fontes diferentes e diversas para garantir que estão bem-informados, questionam ordens e defendem o que é certo, mesmo que sua posição não seja a popular ou se colocarem em risco.

Como líder, como você pode ampliar sua compreensão do seu ambiente de trabalho e do mundo em geral? Como você pode se manter otimamente informado? E como pode usar esse conhecimento para servir, proteger e apoiar os que você lidera? Vale a pena refletir sobre isso.

E sabe de uma coisa? É tão maravilhoso fazer a coisa certa. Só esse sentimento já é uma recompensa suficiente.

Andar na linha entre o fluxo da vida e as escolhas deliberadas é uma arte

Você nunca sabe o que mais a vida pode reservar para você se não deixar-se soltar e seguir sua orientação interior. Estamos tão condicionados a fazer o que "devemos fazer" e querer o que "devemos querer" que nem percebemos que talvez não estejamos no caminho ideal para a vida que realmente queremos viver; nem reconhecemos o que realmente queremos, lá no fundo.

Então, da próxima vez que perceber uma oportunidade no horizonte, coloque seu medo de lado e ouse explorá-la. Não estou dizendo que você deve aceitar qualquer proposta ou oferta de emprego. Você ainda precisa descobrir primeiro se está alinhada com o que realmente quer. Por exemplo, uma vez eu recusei uma oferta de trabalho para a Ásia, que era muito tentadora, pois eu teria viajado entre quatro países asiáticos, mas não era a opção certa para mim na época... e provavelmente nunca teria sido. Também havia uma opção de um trabalho temporário no escritório de Mumbai; e, embora sempre tenha querido viajar para a Índia, essa oportunidade particular não era o que eu procurava no momento. Em vez disso, o contrato de consultoria com a DeRemate na Argentina surgiu no meu e-mail... e esse sim, parecia certo.

Quando o destino lhe apresenta uma chance, você sempre tem uma escolha: aceitá-la ou não aceitá-la. O que importa é que você tome uma decisão consciente e empoderada, em vez de fugir dela por medo ou dúvida.

E quando a vida te joga uma bola curva, reconheça a oportunidade nela. Qualquer circunstância, seja boa ou ruim, agradável ou dolorosa, excitante ou aterrorizante, traz uma chance de aprendermos e crescermos. Sempre que você passar por um revés, pergunte a si mesmo: "Qual é a lição aqui? Existe um padrão? O que posso aprender para evitar uma situação similar no futuro?" Então, se distancie emocionalmente para poder seguir em frente e criar um futuro melhor para si mesmo.

Resiliência diante dos reveses é um catalisador para o crescimento

Minha experiência com um parceiro de negócios fraudulento no Rio de Janeiro foi um lembrete severo de que os reveses são quase inevitáveis enquanto avançamos pela vida. O que mais importa é como respondemos a eles. Em vez de ser derrotada pela traição, eu (eventualmente, não imediatamente) escolhi vê-la como uma oportunidade de aprendizado, uma chance de fortalecer minha determinação e aguçar meus instintos. A resiliência não é apenas sobre se recuperar; é sobre usar os desafios como degraus para o crescimento pessoal e profissional. Quando enfrentamos os reveses com determinação e uma mente aberta, eles se tornam catalisadores que nos impulsionam em direção à maior sabedoria e sucesso.

Já enfrentou um revés? Aposto que sim – quem nunca? Aqui vai um exercício rápido: Pegue um pedaço de papel e desenhe três colunas. No topo de cada uma, escreva um dos seus maiores reveses. Agora, sob cada um, liste as lições que aprendeu e como essas experiências contribuíram para o seu crescimento. Você pode se surpreender com o quanto ganhou com esses desafios.

Isso é como transformar um revés em ganho ou uma perda em vitória.

*

Quando embarquei no avião para Nova York, não planejei partir permanentemente. Eu simplesmente não estava pronta para me separar da dança do samba de gafieira, do clima tropical, das minhas paisagens favoritas e – mais uma vez – dos meus amigos. Minha intenção era dividir meu tempo entre o Rio de Janeiro e Nova York. Se esse plano deu certo, vou revelar nos próximos capítulo.

Capítulo 10
Saboreando a "Grande Maçã" – Nova York, Nova York!

Lições de flexibilidade e mobilidade

Minha chegada a Nova York foi simplesmente emocionante. Apesar de já ter visitado a cidade algumas vezes antes, ainda havia tanto para descobrir! Eu adorava a arquitetura de Nova York, desde os charmosos townhouses até os edifícios históricos. Além disso, foi um alívio não precisar me preocupar tanto com a segurança quanto no Rio, embora eu já tivesse me acostumado e isso tivesse se tornado algo natural. Nova York certamente tem suas áreas perigosas à noite, mas a segurança só se tornou uma preocupação significativa durante o lockdown de 2020. Áreas como a estação de ônibus Port Authority pareciam assustadoras naquela época, com apenas viciados em drogas e pessoas sem-teto perambulando na cidade fantasma, um contraste gritante com a atmosfera movimentada de antes e depois. Mas estou me adiantando...

Inicialmente, encontrei moradias temporárias e me mudei por Manhattan, ficando em vários bairros por um ou dois meses... em Chelsea, Midtown, Two Bridges, Gramercy Park, Williamsburg, Upper West Side e até em Inwood. Eventualmente, me estabeleci em um apartamento de médio prazo, ocupando um andar em uma townhouse na charmosa e arborizada West 130th Street, no Harlem Central. Mais tarde, me mudei algumas quadras para o Harlem Oeste, bem na esquina do Central Park, na West 110th Street. Harlem rapidamente se tornou meu bairro favorito, com seus muitos restaurantes, bares de música como Silvana e Shrine, e lojas africanas. Minhas áreas preferidas eram a 116th St. e a Lenox, logo acima e abaixo da 125th. Sempre havia algo acontecendo por lá, e o Central Park ficava logo ao lado!

Falando no Central Park, uma das coisas que eu mais amava em Nova York eram os concertos de verão gratuitos nos parques. Do Central Park ao Prospect Park, no Brooklyn, sempre havia algo acontecendo toda semana durante julho e agosto. Bandas fantásticas do mundo inteiro tocavam em grandes e pequenos parques pelos bairros, fazendo a cidade parecer um festival contínuo e alegre.

É claro que a dança continuava sendo uma parte vital da minha vida. Na ausência das minhas danças brasileiras favoritas, passei a dançar salsa e bachata socialmente. As noites de terça eram reservadas para salsa no Taj, enquanto os sábados eram dedicados à dança latina mista no Club Cache. Mais tarde, adicionei as noites de quinta no González y González, no SOHO, e ocasionalmente ia ao Bembe, no Brooklyn, ou ao Favela Cubana, no NOHO, para a salsa Cubana, diferente da mais prevalente "salsa on 2" em Nova York.

Foi dançando que conheci meu primeiro grande amor em Nova York, Miguel. É verdade que dançar libera ocitocina, o "hormônio do vínculo" ou "hormônio do amor," conhecido por seu efeito curativo. Na dança a dois, o efeito é dobrado: tanto pela dança quanto pelo abraço, e, nesse caso, certamente teve sua mágica além da cura. Embora nosso relacionamento inicial tenha parecido um pouco unilateral, nos reconectamos alguns anos depois, quando Miguel inesperadamente me convidou para um jantar luxuoso no meu restaurante favorito da época, o encantador Spice Market, no Meatpacking District (que, infelizmente, fechou desde então).

Alguns meses após minha chegada à *Big Apple*, adicionei danças angolanas como kizomba e semba, além do kompa haitiano. Comparadas ao tango e ao samba de gafieira, essas eram danças relativamente fáceis, que aprendi na pista de dança, com exceção de alguns workshops iniciais de kizomba/semba. Dançar no meu local favorito de todos os tempos para essas danças, o Favela Cubana, também foi como conheci meu melhor amigo para os anos seguintes, Chris. Graças a Chris, vivi alguns dos momentos mais emocionantes dançando kompa, incluindo shows ao vivo no SOBs e bandas haitianas tradicionais que visitavam em certas épocas do ano, tocando principalmente em eventos em Long Island. Muitas vezes, eu era a única pessoa não haitiana no local, mas já estava acostumada com isso pelas minhas viagens e outros momentos, e achava isso interessante – observando as dinâmicas das pessoas reagindo a mim, comentários no banheiro feminino, como "você e seu marido dançam tão lindamente juntos." (Ah, sem problema, podem pensar que somos casados... eu amo esse cara mesmo!). Pegava o Long Island Railroad para esses locais e voltava para a cidade de madrugada – muitas vezes, Chris e eu esperávamos no carro dele pelo primeiro trem de volta para Manhattan. Finalmente em casa, com os pés ardendo de horas dançando de salto alto, eu caía na cama exausta, mas feliz.

Dançar com Chris a noite toda era como estar no paraíso. Não apenas por causa da dança em si, mas também pela conexão especial que compartilhávamos. Passar tempo com ele sempre parecia uma bênção. Doces lembranças, sem dúvida.

Durante meus primeiros anos em Nova York, enquanto ainda viajava de ida e volta para o Rio de Janeiro, escrevi vários artigos para a revista alemã *dance for you* em inglês. O primeiro artigo foi sobre um casal brasileiro, Janete e Leandro da Silva, que dançavam e coreografavam juntos. Mais tarde, ocasionalmente fiz algumas aulas de samba com a Janete. De volta ao Brasil, entrevistei dançarinos da Companhia Urbana de Dança, de Sonia Destri, e dois dos meus instrutores de gafieira para escrever mais artigos para a revista. Também escrevi sobre uma jovem dançarina e cliente de Macau, incrivelmente talentosa e muito querida para mim.

Tinha uma assinatura na academia Equinox, que me dava acesso a aulas de fitness, ioga e dança (além da sauna, uma bênção durante os invernos frios de Nova York) em todas as suas unidades na cidade. Mais tarde, passei a frequentar aulas de dança em diversos estúdios, como House Dance com Kim Holmes, Afro Urban com Angel Kaba, Kukuwa com Cassandra Nuamah, e dança da África Ocidental com Vado Diomande e, ocasionalmente, Maguette Camara. Eventualmente, descobri minha paixão pelo ndombolo congolês com Nkumu Katalay. Por que mencionar os nomes desses professores de dança incríveis?

Acima de tudo, eles merecem destaque e reconhecimento. Além disso, para os amantes da dança, esses nomes podem soar familiares, ou talvez você more nos lugares descritos neste livro e queira fazer aulas também. Pois bem, você acabou de conhecer alguns dos melhores!

Mas chega de falar de dança... por enquanto (mais sobre isso depois)! Vamos focar em assuntos mais sérios porque, verdade seja dita, meus primeiros anos em Nova York foram uma mistura de experiências.

Mesmo à distância, ainda lidava com aqueles frustrantes funcionários públicos para encerrar minha empresa no Brasil, algo que paguei meu contador para fazer duas vezes. E, mesmo assim, não tenho certeza, até hoje, se minha empresa foi devidamente encerrada, apesar de ter preenchido toda a papelada e pago as taxas duas vezes. Surpreso? Existe um ditado local: "É mais difícil fechar uma empresa do que abrir uma no Rio." Disseram-me que, para evitar o transtorno, muitas pessoas usam uma favela como endereço oficial de suas empresas. No entanto, eu não tinha feito isso, e assim tive que enfrentar a burocracia de sempre – mas esse era apenas um dos aspectos do "caos carioca" que eu ainda estava tentando resolver...

Como mencionei antes, eu tinha um visto de investidor com a intenção de renová-lo para iniciar um novo negócio enquanto mantinha minha permissão de residência. Inicialmente, meu plano era dividir meu tempo entre o Rio e Nova York, embora a realidade tenha se desenrolado de forma bem diferente. No entanto, acabei dividindo meu tempo – e minha energia! – entre os dois lugares enquanto resolvia tudo... isso é verdade. Mais detalhes sobre isso no próximo capítulo.

Sabedoria em liderança – principais aprendizados

Às vezes, é preciso mudar de lugar

Ao longo da minha vida, houve momentos em que me mudei porque queria ou porque surgiu uma oportunidade. Em outras ocasiões, fui impulsionada a mudar de local, como na minha mudança do Rio para Nova York, que não foi totalmente voluntária. Isso não significa que não foi uma escolha. Sempre temos escolhas, mesmo quando parecem ocultas. Mudar de lugar é uma delas.

Já me mudei inúmeras vezes: para novos bairros, cidades, países e até continentes. Muitas pessoas me perguntam se estou fugindo de algo. Garanto que não. Mudar de continente, mergulhar em novas culturas e línguas sozinha não é uma tarefa fácil. Não se trata de conveniência ou fuga. Quem já fez uma mudança intercontinental sabe que está longe de ser conveniente. Cada mudança contribui para o meu crescimento. Parece que o Universo me impulsiona quando já aprendi tudo o que podia de um lugar. Se resisto, as circunstâncias surgem para me empurrar adiante.

Se você está insatisfeito com sua vida, tome uma atitude para mudá-la. Não viva no piloto automático. Você foi feito para criar sua vida de forma consciente, não para permanecer preso.

- **Está entediado?** Busque uma nova aventura ou desafio.
- **Está em um ambiente que não combina mais com você?** Modifique-o ou procure outro.
- **Está em um relacionamento tóxico, no trabalho ou em casa?** Saia dele.

Às vezes, é preciso mudar de lugar – literalmente! Se o lugar onde você está agora não parece certo, considere se mudar. Nem todo lugar na Terra é adequado para você. É sua responsabilidade descobrir quais são.

Você pode consultar a astrologia de localização, mas se isso não for sua praia, confie na sua intuição. Conecte-se com seu coração e pergunte: "O que eu realmente quero? O que eu preciso e onde posso encontrar isso?"

Lembre-se: você sempre pode se mudar novamente. Nada é para sempre, e a novidade pode te impulsionar como uma brisa fresca rumo ao incrível!

*

Durante meus voos frequentes entre Rio e Nova York, uma enxurrada de pensamentos e emoções me consumia. Foi um período emocionalmente exaustivo. Eu ainda lidava com arrependimentos, ressentimentos contra mim mesma e culpa. Sentia falta de muitos aspectos do Rio e lamentava perdas pessoais, ao mesmo tempo em que abraçava novas experiências. Deixei amigos para trás no Rio e construí novos laços em Nova York. Como alguém naturalmente muito emocional, gerenciar minhas emoções sempre foi um desafio para mim. No passado, eu não percebia isso e lutava para controlar os dramas que surgiam na minha vida. Com o tempo, aprendi a aproveitar os aspectos positivos da minha natureza emocional, usando meus sentimentos como guias, em vez de deixá-los me dominar.

Mas vamos seguir em frente com a história!

Capítulo 11
Limpando a bagunça – sem perder o ânimo

Lições de paciência, desapego, coragem e liderança com paixão

Como em qualquer lugar do mundo, os sistemas de imigração podem ser (e muitos são!) corruptos, variando apenas nos métodos dessa corrupção. A Polícia de Imigração no Rio de Janeiro, localizada no Aeroporto Internacional do Galeão, não era exceção. Eu tinha acumulado uma pilha de documentos tão grossa quanto as antigas Páginas Amarelas de uma metrópole como São Paulo (para a geração mais jovem: antigos catálogos telefônicos), com cada cópia e assinatura devidamente autenticada (como exige o Brasil), além de gastar uma quantia significativa de dinheiro com essa documentação. Inclusive, contratei um contador para me ajudar a organizar tudo.

Apesar de todo o esforço, começaram a "perder" papéis ao longo do tempo, alegando que eu não os havia apresentado. Mas eu sabia que tinha apresentado, pois guardava cópias de tudo. Ficou claro que os funcionários estavam intencionalmente retendo documentos para me pressionar a pagar propina. Em uma manhã, tive um compromisso às 8h, mas o oficial só apareceu às 11h30. Outra vez, esperei o dia inteiro apenas para ser informada de que estavam fechando as portas, obrigando-me a voltar no dia seguinte.

Apesar de tudo, eu amava o Rio e queria passar parte do ano lá mesmo depois de me mudar para Nova York. Por isso, mantive meus pertences em um depósito e voava com frequência para o Rio para lidar com a Polícia de Imigração e acompanhar o andamento da papelada. No entanto, por me recusar a pagar propina, acabei perdendo meu visto de residência, apesar de todo o esforço, tempo e dinheiro que investi, incluindo os custos de viagem entre Nova York e o Rio. Tenho certeza de que o oficial esperava um suborno porque me deu seu número de celular pessoal. Nunca liguei para ele, mas isso deixava suas intenções bastante claras.

Enquanto isso, eu lidava com três processos judiciais contra o dono da academia de dança, cada um com um advogado diferente, porque nenhum queria assumir todos os casos. Um processo era pelo dinheiro que ele desviou, outro pelo pagamento que fiz para usar a marca dele na parte de dança do meu negócio, e o terceiro pelas aulas de dança pré-pagas que nunca frequentei após descobrir suas práticas fraudulentas.

Quando dois dos processos finalmente foram resolvidos, o dinheiro que recebi em reais valia um terço do que antes, e ainda tive que pagar uma porcentagem aos advogados, sobrando muito pouco. Ainda assim, fui grata, especialmente porque tive a coragem de me posicionar e não permitir ser passada por cima.

Em determinado momento, senti que precisava voltar ao Rio de Janeiro para vender os pertences que estavam no depósito desde que saí da cidade. Cheguei no último dia de dezembro, a tempo de participar da eufórica celebração de Ano Novo na Praia de Copacabana, com seus três palcos musicais e a energia contagiante das festas. Foi o ânimo perfeito antes de enfrentar os desafios que me aguardavam.

Apesar de ter esperado que o depósito me ajudasse a vender alguns móveis remotamente ao longo do tempo, eles não colaboraram, e eu precisei organizar rapidamente a venda de tudo e doar o que sobrasse durante a minha curta estadia. Felizmente, minha amiga Sabrina abriu sua casa para mim e permitiu que eu armazenasse alguns itens até serem vendidos, incluindo minha cama favorita de bambu, vinda de Bali, que me acompanhou em várias mudanças – de Munique a São Francisco, de Buenos Aires ao Rio de Janeiro. Enquanto isso, meu leal amigo Chris, de Nova York, enviava mensagens encorajadoras diariamente. Sou profundamente grata a ambos.

Eu paguei pelo armazenamento e seguro durante todos aqueles meses – para nada! Se eu tivesse sabido antes que meu visto não seria renovado, teria vendido tudo a um preço melhor. Em vez disso, tive apenas um dia para organizar a venda. Os donos do armazenamento relutantemente me deram esse dia para retirar minhas coisas. Corri para promover meus itens online e entrei em contato com amigos que pudessem querer panelas, móveis, livros ou qualquer outra coisa que eu tivesse colecionado ao longo do tempo.

Com o tempo correndo, consegui vender quase tudo em um dia na unidade de armazenamento. Raquel, uma amiga, ajudou na venda. Em troca, ela levou algumas caixas e meu grande e amado sofá por um valor simbólico. Eu já tinha feito um trabalho de preparação, tentando vender as coisas online e convidando pessoas para o "brechó".

Mas um dia não foi o suficiente para passar por tudo. Eu esperava que mais pessoas aparecessem, mas, felizmente, pelo menos algumas apareceram. Para os itens restantes, contratei um caminhão no dia seguinte para transportá-los para a casa da Sabrina e resolver o resto a partir de lá. Fiquei feliz ao ver meu djembe e outros instrumentos musicais indo para um amigo da capoeira, meus melhores itens de cozinha para Rodrigo, que estava montando um novo lugar, e a maioria das toalhas e lençóis para um rapaz que estava abrindo um *bed & breakfast*. Um casal jovem levou meus móveis de cozinha favoritos, incluindo uma peça exclusiva de designer, para a casa deles, e Olaf, um russo simpático, comprou minha amada cama de bambu balinesa.

Em apenas um dia, consegui vender quase tudo no armazenamento, exceto pelos livros que não consegui levar e alguns itens grandes que dei de presente para os trabalhadores do depósito. Mais tarde, percebi que muitas coisas estavam faltando: um vaso de prata, uma moldura de prata, todas as ferramentas e presentes de familiares e amigos. Eles tinham uma lista de conteúdo para o seguro, então sabiam o que deveria estar dentro das caixas. Também haviam misturado meus itens com os de outras pessoas, já que não havia uma unidade dedicada só para mim. Esse armazenamento era uma bagunça! Se você algum dia precisar armazenar suas coisas no Rio, me avise e eu te direi onde *não* fazer isso. (Só para esclarecer, eu nunca tinha visto a instalação antes de meu retorno, pois eles pegaram minhas coisas em minha casa.) Recuperei o máximo de livros possível para doar a uma livraria que só aceitava livros em português. Vendi alguns livros em outras línguas online e dei outros de presente para amigos, mas ainda tinha muitos restantes – tinham sido das 35 caixas! – incluindo dicionários valiosos, livros de mesa de café – presentes de grande valor sentimental e livros com conteúdo de grande importância pessoal para mim.

Foi um momento significativo de desapego – aqueles livros, a cama de bambu e os presentes que significavam tanto para mim emocionalmente. Apesar de pagar os prêmios mensais, o seguro nunca pagou um centavo. Suspeito que a empresa de armazenamento tenha embolsado esse dinheiro em vez de pagar para o seguro. Eles me deram muitas razões para acreditar nisso.

Mas vamos falar de momentos mais felizes: depois de passar o dia todo no depósito sem mais do que uma banana e água para nos sustentar, Raquel e eu estávamos completamente exaustas e famintas quando finalmente pegamos o metrô de volta para Botafogo naquela noite. Durante o dia todo, eu estava tão preocupada que nem considerei comida... até que decidimos nos dar o luxo de comer peixe frito e beber cerveja na praia de Leme. Foi uma festa!

Quando finalmente cheguei em casa naquela noite, desabei na cama, física e emocionalmente exausta, e dormi como uma pedra. No dia seguinte, embarquei em uma viagem emocionante para a Ilha de Paquetá, uma ilha charmosa ao largo da costa do Rio onde não há carros e muitos visitantes alugam bicicletas para explorar. Já havia visitado antes com minha amiga Marianne, mas desta vez foi diferente: fui com um grupo de meninos jovens. Mas deixa eu voltar um pouco.

Durante uma das minhas viagens de volta ao Rio, enquanto eu organizava minhas inúmeras pendências e limpava a bagunça causada pelo fiasco com o parceiro de negócios, conheci Edie, uma cineasta americana, no banco, que precisava de ajuda. Ajudei-a a resolver o problema, e em troca, ela me contou sobre um abrigo para cerca de 20 meninos, com idades entre 6 e 14 anos, que haviam sido retirados de suas casas devido à violência doméstica ou abuso de drogas. Ao ouvir que eles ansiavam por atenção, já que havia apenas dois educadores para todo o grupo, decidi pegar vários ônibus por um bom tempo até o bairro deles para conhecê-los.

Descrever o local como "animado" seria um eufemismo. Aconteceu que era dia de corte de cabelo, então alguns meninos estavam orgulhosamente exibindo seus novos penteados, enquanto outros ainda aguardavam sua vez com o cabeleireiro que tinha montado seu salão no quintal. Cada menino tinha uma chave para uma pequena gaveta ou compartimento onde trancava seus modestos pertences pessoais. Além das roupas que vestiam e dos chinelos nos pés, eles geralmente possuíam mais algumas camisetas, shorts e um ou dois itens pequenos. Um menino, particularmente talentoso em fazer delicadas figuras e chaveiros de contas, me tocou profundamente quando me presenteou com uma de suas criações.

Nesta viagem ao Rio, decidi arrecadar um pouco de dinheiro para levar presentes aos meninos: uma camiseta novinha e um par de chinelos para cada um, além de petiscos exóticos de fora, que eles devoraram. Ao chegar à casa, fui recebida com abraços e gritos de alegria, que foram quase avassaladores e me trouxeram lágrimas aos olhos. Os educadores me permitiram entregar as camisetas eu mesma, mas guardaram os chinelos para quando precisassem de novos.

Durante essa visita, convidei os meninos para participar de um jogo de visualização. Estávamos sentados no chão e em um banco em uma sala comunitária, e pensei comigo mesma, todo mundo merece a chance de sonhar. Então, pedi para fecharem os olhos e imaginarem que estavam voando em um avião para qualquer destino que desejassem – fosse um país distante, um local próximo, um lugar que tivessem visto na TV ou um local totalmente imaginário. Juntos, viajamos em nossas mentes, cada um dirigindo seu próprio filme mental, criando mini-visões. Depois, falamos sobre a importância de primeiro criar o que você quer em sua mente. As crianças adoraram o jogo – afinal, qual criança não adora sonhar acordada?

Os educadores me convidaram a acompanhar os meninos em uma viagem para a Ilha de Paquetá no dia seguinte à minha "venda de garagem" no depósito. Eu estava empolgada em vê-los novamente. No entanto, na manhã seguinte à venda, acordei exausta com o som do meu despertador. Meu corpo estava como um saco molhado de batatas de tanto mover caixas e móveis, além de desempacotar e repacotar incontáveis itens no dia anterior. Fiquei em dúvida se realmente queria me levantar e seguir até o píer. Por fim, no último minuto, decidi que sim! Corri para pegar o ônibus, mas como era sábado, os ônibus estavam com horário reduzido. Fiquei de olho em táxis, mas nenhum passou. Achei que definitivamente perderia a balsa em que eles estariam, e arrependi-me de ter acordado tão tarde, quando geralmente gosto de ser pontual para situações críticas como essa.

Mas, eventualmente, um ônibus apareceu e, milagrosamente, eu cheguei na estação da balsa a tempo! Eu estava correndo, literalmente, com apenas alguns minutos antes do barco sair. Imagine minha alegria quando vi alguns dos meninos ainda em pé na bilheteira, enquanto os educadores distribuíam os bilhetes. Quando me viram, três deles correram até mim, um pegou minha bolsa para carregar por mim, para que fôssemos mais rápido, e todos corremos para a balsa entre grandes sorrisos e risadas altas. Nenhuma quantia de dinheiro poderia pagar pelos rostos felizes e pelos abraços calorosos que me acolheram. É indescritível. Senti que realmente apreciávamos a companhia uns dos outros. Nos sentamos no chão da balsa superlotada, os meninos se encostando em mim e contando piadas, todos nós gratos por eu ter chegado.

Na ilha, alugamos bicicletas para todos e uma bicicleta dupla para um dos educadores andar com um menino que tinha uma deficiência na perna e problemas de visão. Ele também era o mais engraçado e atrevido do grupo. Em contraste, outro menino estava muito fechado. Acho que ele já tinha vivido muitas dificuldades em sua vida jovem para estar tão bravo e triste. Ele não queria se misturar muito, apesar de os outros estarem se divertindo horrores pedalando pela ilha, comendo sorvete e aproveitando uma experiência muito especial.

Depois de um dia emocionante na ilha, devolvemos as bicicletas e embarcamos na balsa de volta para a cidade. No caminho de volta, os meninos estavam bem mais quietos, exaustos de suas aventuras. Alguns até adormeceram satisfeitos. No píer, foi hora de dizer adeus. Essa foi a última vez que os vi. Enquanto escrevo isso, uma viagem de volta ao Brasil já está muito atrasada. Eu me pergunto frequentemente o que aconteceu com aqueles meninos. Espero que muitos já tenham encontrado um caminho de volta para lares mais seguros.

Sabedoria em liderança – principais aprendizados

Deixar o antigo vai abrir espaço para o novo

Na noite em que deixei o depósito após vender a maioria das minhas coisas, uma enorme onda de alívio me envolveu. No entanto, isso também marcou o início de um intenso processo de desapego, especialmente em relação a alguns dos meus itens favoritos, como presentes de familiares e amigos e meus amados livros. Esse processo durou anos.

Eu não poderia levar tudo, e parecia impraticável arcar com o custo de mover apenas parte, especialmente porque eu havia optado por um apartamento mobiliado em Nova York por enquanto. Queria manter a flexibilidade, pois estava cogitando a possibilidade de me mudar para a África. Embora isso ainda não tenha acontecido (pelo menos, não ainda), não ter tantas coisas me deu uma sensação de liberdade. Eu me senti mais flexível novamente, e talvez isso fosse o que eu precisava naquela época, mesmo que eu tenha acabado ficando em Nova York por mais tempo do que em muitos outros lugares antes, com inúmeras viagens para a África e outros destinos. (Mais sobre isso mais tarde.)

No final, esse desapego me tornou mais resiliente. Dar coisas para outros liberou a energia estagnada, permitindo que ela fluísse mais livremente. Ao deixar ir, criei espaço para o novo. O mesmo acontece quando deixamos para trás velhas crenças, mágoas ou ressentimentos. Essas emoções e pensamentos presos podem ocupar muito espaço valioso em nossas mentes. Uma vez que nos libertamos dessas correntes autoimpostas, podemos respirar e nos mover mais livremente.

Você provavelmente já ouviu que 90% dos nossos pensamentos em qualquer dia são semelhantes aos do dia anterior. E se pudéssemos fazer com que a maioria desses 90% de pensamentos realmente nos servissem? E se pudéssemos deixar para trás pensamentos que nos limitam e substituí-los por pensamentos que nos fortalecem? Isso exige prática diária, mas vale a pena. Experimente! Isso terá um impacto positivo na sua equipe.

Você pode até transformar isso em um exercício de equipe! Seja criativo ao ensinar à sua equipe uma mentalidade que apoie não apenas o trabalho deles, mas também seu bem-estar geral. Inspire-os a refletir sobre esses tópicos e você pode ver milagres acontecerem..

Os maiores sucessos vêm quando ousamos dar o salto

Às vezes, as experiências mais memoráveis estão a apenas um salto de distância. Esse princípio não se limita a esportes radicais como parapente, bungee jump ou paraquedismo. Na sua carreira, seus objetivos mais desejados podem ser desbloqueados pelo primeiro passo crucial. Um pequeno passo pode muitas vezes pôr as coisas em movimento, mas há momentos em que a coragem exige um salto maior. Se você esperar que tudo se alinhe perfeitamente antes de agir, pode esperar indefinidamente – porque aquele momento ideal pode nunca se materializar. E você nunca se sentirá completamente preparado. Às vezes, confiar que você está "pronto o suficiente" é a única preparação que você precisa.

O perfeccionismo pode ser paralisante. Será que ele está impedindo você de dar o salto à frente na sua carreira agora? O único fracasso verdadeiro é falhar em tentar... falhar em aproveitar a chance de perseguir o que você mais quer.

Se você aspira a um cargo de liderança, comece liderando a si mesmo! Se uma oportunidade surgir de forma tentadora, se jogue nela! Você pode aterrissar mais suavemente do que imagina. E se o pouso for um pouco difícil, você ainda terá ganho experiência valiosa para a próxima vez.

Quando damos ou lideramos com compaixão, as recompensas são imediatas

Passar tempo com aquelas crianças não foi apenas significativo para elas; foi profundamente gratificante e precioso para mim. Testemunhar seus sorrisos genuínos trouxe uma satisfação instantânea. É impressionante o quão satisfatório é receber apreciação sem filtros.

Liderar sua equipe com compaixão e atenção traz recompensas semelhantes. Como seres sociais, prosperamos na conexão, compartilhamento e apoio mútuo. Qualquer coisa contrária vai contra nossos instintos naturais. Alguns membros da equipe podem carecer de conexões sociais devido à mudança de cidade, distância da família ou perdas pessoais. Embora eu não seja muito fã da ideia de um ambiente de trabalho como uma "grande família", acredito em cultivar relações saudáveis entre colegas e gestores. Isso não só melhora a qualidade do trabalho, mas também minimiza fricções e conflitos desnecessários, favorecendo a produtividade.

Incentive sua equipe a se destacar priorizando a liderança compassiva: Engaje-se ativamente com os membros da sua equipe. Comece hoje e lidere com compaixão para transformar a dinâmica e o desempenho da sua equipe como um resultado direto da sua abordagem compassiva. Aqui estão algumas opções que você pode implementar imediatamente:

- Agende uma reunião individual com cada membro da equipe esta semana para discutir seus desafios e necessidades atuais. Demonstre interesse genuíno pelo bem-estar deles e ofereça suporte sempre que possível. Observe o impacto imediato – você pode se surpreender! Perceba as mudanças positivas no engajamento deles devido ao fato de você mostrar que se importa. Você também pode querer implementar check-ins regulares, onde você se conecta pessoalmente com cada membro da equipe, por exemplo, a cada duas semanas ou uma vez por mês.
- Agende uma reunião individual com cada membro da equipe esta semana para discutir seus desafios e necessidades atuais.

Demonstre interesse genuíno pelo bem-estar deles e ofereça suporte sempre que possível. Observe o impacto imediato – você pode se surpreender! Perceba as mudanças positivas no engajamento deles devido ao fato de você mostrar que se importa. Você também pode querer implementar check-ins regulares, onde você se conecta pessoalmente com cada membro da equipe, por exemplo, a cada duas semanas ou uma vez por mês.

- Valorize e celebre as vitórias: Reconheça e comemore regularmente os esforços e sucessos da sua equipe, reforçando uma cultura de apreciação.

O maior custo nem sempre está relacionado ao dinheiro

Embora a perda imediata de dinheiro tenha sido grande, o maior custo da minha experiência com o meu sócio de negócios não foi financeiro. Foi duplo:

Primeiro, o custo de "limpar a bagunça". O tempo e a energia necessários para isso atrasaram significativamente o meu novo empreendimento em Nova York. Minha energia estava dividida entre dois locais, sendo o antigo uma fonte imensa de estresse. Esse vai e vem constante entre Nova York e Rio de Janeiro causou grandes atrasos, desviando bastante do meu plano original de dividir meu tempo entre as duas cidades de forma tranquila.

Em segundo lugar, perdi minha autoestima e confiança, que precisei reconstruir do zero – ou até de abaixo de zero. Isso foi um grande revés para mim, especialmente porque eu tinha passado anos trabalhando na minha confiança, que costumava ser um desafio de longa data na minha vida.

Mas veja, essa experiência me ensinou como reconstruir a confiança do zero, abordando as causas raízes das nossas inseguranças e aplicando técnicas que se mostraram bem-sucedidas. Mais tarde, pude compartilhar esse conhecimento e sabedoria com meus clientes que também enfrentavam dificuldades com a confiança, e até reuni muitos desses ensinamentos no meu livro *Speak Up, Stand Out and Shine – Speak*

Powerfully in Any Situation, onde compartilho dicas e ferramentas para se preparar para situações de fala em público.

Nada é perda de tempo quando usado como uma oportunidade de crescimento. Alguns dos maiores desafios podem se tornar nossas maiores oportunidades, mas precisamos reconhecê-los como tal. Permanecer no modo vítima impede essa transformação. Reflita sobre uma experiência dolorosa recente. Como você pode transformá-la em uma oportunidade de crescimento pessoal? E como pode fazer o mesmo pela sua equipe, a partir de agora e para frente?

*

Após retornar do Rio, acordei com um quintal no Harlem enterrado em neve até os joelhos. A transição do verão tropical do Rio de Janeiro para o inverno rigoroso de Nova York foi impactante. Embora eu tivesse feito progressos significativos, o capítulo Rio ainda estava inacabado. Por enquanto, no entanto, eu aguardava ansiosamente pelas noites de quinta-feira dançando no Favela Cubana com o Chris, e tinha planos para um intenso _networking_.

Capítulo 12
Estado de espírito "empire": transformações em Nova York

Lições sobre reconstrução da autoconfiança e networking

Após me mudar para Nova York, sem uma rede de contatos local e com pouca ideia de como começar um negócio (além de uma pousada ou um estúdio de dança e bem-estar, o que não estava nos meus planos para essa nova localização), eu estava tentando descobrir o que fazer em seguida. Eu precisava me "reinventar", como às vezes dizemos, embora, na verdade, seja mais sobre evoluir para uma versão mais plena de nós mesmos. A pergunta que estava na minha mente era: como eu poderia juntar todas as minhas experiências ecléticas em um novo capítulo significativo, pelo qual eu me sentisse apaixonada? Minha experiência multinacional e multilíngue, os diversos papéis que desempenhei na indústria de serviços profissionais, no corporativo, em uma startup, meu trabalho de tradução, meus estudos sobre o holístico e a mentalidade, minha paixão por viagens e dança e, claro, minhas experiências pessoais e todos os aprendizados ao longo dos anos – como tudo isso se encaixaria?

A primeira ideia que me veio à mente foi trabalhar com artistas de palco, especialmente dançarinos, devido ao meu amor pela dança. Por um tempo, foi exatamente isso que eu fiz, com alguns dos meus primeiros clientes sendo uma jovem dançarina profissional em Macau e um coreógrafo para um grupo de dançarinos em Nova York. Também organizei alguns encontros e eventos menores em minha casa, onde focávamos na mentalidade financeira e temas relacionados. Minha empresa inicial foi registrada como Transform Your Dance Performance. No entanto, logo percebi que muitos artistas de palco sofriam da síndrome do "artista faminto", o que tornava difícil incentivá-los a investir em si mesmos, mesmo que minhas tarifas fossem mais do que acessíveis.

Comecei a fazer networking fora da cena da dança e lembro claramente de como foi difícil no começo. Eu ainda estava no processo de recuperar minha confiança pouco a pouco e fazer a transição de volta para a zona de fala inglesa, depois de sete anos falando principalmente espanhol e português. Lembro-me de um evento de *networking* empresarial em particular, onde estava testando minhas primeiras tentativas de um *elevator pitch*, que, admito, não estavam boas. Uma senhora respondeu de forma bastante rude: "O que isso quer dizer?" Nunca vou esquecer esse momento. Eu saí do evento mais cedo do que planejei, emocionalmente exausta e chorando. Para esclarecer, eu chorei principalmente de raiva, que é minha emoção "de reserva" quando não estou no meu melhor. Quando algo assim acontece, eu fico com raiva. Aprendi isso sobre mim ao longo dos anos e também trabalhei para gerenciar isso.

De qualquer forma, não sou do tipo que desiste facilmente. Com o tempo, descobri círculos de *networking* menores e mais amigáveis. Ainda assim, nem sempre era fácil abordar as pessoas e iniciar uma conversa. Embora eu tivesse feito novos amigos e conhecidos em cada lugar para onde me mudei, nunca realmente precisei fazer *networking* profissionalmente ou fora da dança.

Networking requer prática, a menos que você seja um "natural do *networking*", o que eu não era. Surpreendentemente, com o tempo, ganhei a reputação de ser uma conectora. Eu até consegui ingressos gratuitos para eventos pagos, porque eu trazia muita energia positiva. Alguém me disse uma vez: "Você sempre ilumina o ambiente nos meus eventos. Quer me ajudar a cumprimentar as pessoas e receber ingressos gratuitos em troca?" Claro que eu queria isso! Me deu uma excelente desculpa para falar com todo mundo, pelo menos brevemente.

Em um curto período, construí uma vasta rede. Após cada evento, eu logo me conectava com todos que conhecia no LinkedIn. Minha rede no LinkedIn cresceu organicamente de zero para quase 30.000 conexões em apenas alguns anos. Mais tarde, um especialista em LinkedIn me aconselhou a reduzir esse número drasticamente para cerca de 8.000. Se foi uma boa decisão ou não, eu não sei – provavelmente não. Mas após muita resistência, acabei me deixando persuadir... só para perceber mais tarde que perdi muitos contatos preciosos nesse processo. Novamente: Sempre siga sua intuição ao invés das recomendações de outras pessoas. Quando não parece certo, não faça! Eles são eles, você é você, e nem todos os especialistas são especialistas no trabalho de você.

De qualquer forma, minha rede cresceu exponencialmente – tanto *online* quanto *offline* – e até internacionalmente. Com o tempo, adicionei contatos importantes em vários países africanos, o que mais tarde me permitiu viajar para projetos. Mas estou me adiantando...

Enquanto construía meu negócio, me inscrevi em um programa em grupo oferecido por uma coach bem conhecida. Absorvi uma quantidade esmagadora de conhecimento sobre negócios, muito do qual eu nem sabia que precisava. O programa também forneceu valiosas oportunidades de *networking*. Na época, parecia um grande investimento, mas acabou sendo uma das melhores decisões, se comparado a outros programas nos quais investi depois. Alguns desses eram repetitivos, sobrecarregados de material, muito "prontos para usar" e faltavam coaching personalizado.

Não vou citar nomes, mas é importante lembrar que nem todos os programas de coaching são iguais. Um programa que participei era tão básico e ideológico que pedi para me retirar e rescindir meu contrato. Como em qualquer indústria, o mundo do coaching tem suas ovelhas negras. Alguns coaches famosos são melhores vendedores (ou têm melhores vendedores) do que coaches. Meu conselho para quem busca um coach é ter uma conversa direta com o coach antes de se comprometer ou, no caso de um grande programa em grupo, avaliar cuidadosamente o coach para garantir uma boa compatibilidade. O que funciona para seu amigo ou colega pode não funcionar para você. Coaching, mesmo em um grupo, é uma experiência profundamente pessoal. E quando é a combinação certa, pode mudar sua vida para melhor – de forma grandiosa!

Através das minhas atividades de *networking*, logo ficou claro que eu teria mais sucesso trabalhando com profissionais fora das artes. Essa realização me levou a rebranding meu negócio como Transform Your Performance. O conceito de "performance" é universal, e eu ainda gostava da ressonância do nome.

Logo comecei a realizar meus próprios eventos. Para minha primeira sessão de meio dia em Midtown, tive cinco participantes. No próximo evento, dobrei esse número para dez. No meu terceiro evento, após fazer mais de 200 ligações (muitas delas durante longas caminhadas no Central Park), tive mais de 40 participantes.

Inicialmente, meus eventos atraíam principalmente mulheres, embora mais tarde eu tenha realizado vários com públicos mistos. Gradualmente, descobri que meus clientes ideais eram líderes empregados ou donos de negócios com equipes, principalmente mulheres na época. No entanto, ao longo dos anos, também trabalhei com vários homens – e com bastante sucesso!

Antes que eu percebesse, me vi falando em organizações prestigiadas como AMA e PMI. Entrei em contato com os diversos bancos e escritórios de advocacia de Nova York, garantindo convites para falar em gigantes financeiros como BNY Mellon, BNP Paribas, Barclays, Northern Trust e Lloyds, assim como em grandes escritórios como Kirkland, Duval & Stachenfeld e Chapman and Cutler. Minhas palestras se expandiram para outros estados, incluindo faculdades de direito, diversos encontros e conferências. Também fui convidada a ser coach em uma grande conferência de mulheres no Gaylord Resort & Convention Center National Harbor, Maryland, por cinco anos consecutivos. Embora nem todos os eventos fossem pagos, geralmente eram eficazes para gerar leads, e ganhei muitos clientes dessas audiências, além de ensinar sessões de coaching em grupo *online* muito bem avaliadas para o público do organizador.

Um destaque particularmente prazeroso foi quando fui a palestrante principal e moderadora de painel para três renomados designers de interiores em um evento organizado pela Interior Design

Society (IDS) de Nova York, liderado pela minha amiga de negócios Julie Schuster. Depois disso, inspirei uma audiência reunida pela The Professional Association for Interior Designers (ASID).

Minha jornada também me levou de volta ao BCG como treinadora externa na Califórnia e na África do Sul, e fui destaque em uma entrevista de Alumni do BCG New York.

Entrei para a Financial Women's Association (Equipe de Liderança da Financial Women's Association) New York (FWA), co-presidindo dois comitês, organizando eventos com mulheres bem-sucedidas em finanças e palestrando em alguns eventos da FWA. Durante esse período, fiz *networking* incansavelmente por toda Nova York e participei de conferências nacionais organizadas por coaches renomados.

Como você pode ver, minha agenda estava cheia de atividades. Nem todo empreendimento se mostrou bem-sucedido ou benéfico para meu negócio, mas cada um foi uma experiência valiosa à sua maneira. Minha rede cresceu exponencialmente, tanto *online* quanto *offline*, alcançando novas alturas e se expandindo globalmente. Eu havia colocado uma rede imparável em movimento.

Sabedoria em liderança – principais aprendizados

Recupere a confiança igual como recresce o cabelo

Minha confiança estava literalmente abaixo de zero quando me mudei para Nova York para começar um novo capítulo da minha vida. Não foi a melhor forma de começar. Mas, no fundo, eu sabia que conseguiria!

Revezes podem fazer você sentir que perdeu sua autoestima e confiança, mas isso não precisa durar muito. É algo temporário. Assim como o cabelo cresce de novo quando cai, a confiança também pode renascer. Quanto mais cedo você enfrentar isso, mais fácil será superar. Então, saia dessa! Avance e crie a sua próxima grande conquista!

Eu sei, às vezes é mais fácil falar do que fazer... Se você sente que precisa de ajuda para aumentar sua confiança e crença em si mesmo, procure um especialista para te guiar. Isso também é uma das minhas especialidades! Basta entrar em contato e vamos conversar sobre como posso te ajudar para que você acelere o processo e se sinta melhor mais rápido.

Não apenas faça *networking*; faça *networking* nos lugares certos!

Construir uma rede totalmente nova do zero em NYC foi assustador, especialmente sem uma visão clara do meu negócio. Depois de sete anos falando espanhol e português, precisei voltar ao inglês, criando minha mensagem em tempo real. Encontrar os grupos de *networking* certos foi desafiador no começo. Com o tempo, identifiquei os melhores círculos e eventos, o que também me levou a me juntar à Financial Women's Association (FWA). Ocasionalmente, participei de eventos de *networking* aparentemente irrelevantes (principalmente para empreendedores) simplesmente porque pareciam divertidos. Afinal, você nunca sabe quem pode conhecer.

Networking pode ser uma experiência gratificante e prazerosa, mas nem sempre é eficaz para os seus objetivos específicos. Você precisa encontrar os círculos de *networking* certos que alinhem-se com seus objetivos.

Aqui estão algumas sugestões para fazer o *networking* funcionar para você:

- Pesquise e identifique grupos relevantes: Dedique tempo para pesquisar e identificar círculos e eventos de *networking* que alinhem-se com seus objetivos e interesses profissionais específicos. Não se limite à sua indústria ao procurar organizações e encontros, especialmente se o seu mercado-alvo não estiver dentro da sua própria indústria. Participe de uma variedade de eventos, até mesmo os fora do seu campo imediato de interesse, para expandir suas conexões. As pessoas conhecem outras pessoas...

- Crie e refine seu *pitch*: Desenvolva uma apresentação (ou introdução) clara e envolvente. Esteja preparado para testar sua mensagem. O *networking* oferece a oportunidade de testá-la, refiná-la e fazê-la ressoar com seu público, por meio do feedback e das reações das pessoas que você encontra.

- Engaje-se ativamente: Participe ativamente das conversas e procure contatos potenciais que possam oferecer percepções ou oportunidades valiosas. Três conexões significativas geralmente são mais valiosas do que 20 irrelevantes ou superficiais.

*

Como sempre, minhas atividades incluíam dança. Já mencionei isso antes, não? Nova York oferecia uma vasta gama de opções, de salsa e kizomba a kompa, estilos tradicionais e modernos de dança africana, e house dance. Entre essas, descobri o que se tornaria meu favorito: ndombolo congolês. Mas falarei mais sobre isso em breve!

Capítulo 13:
A dança é minha vida, e minha vida é uma dança

Lições de cuidado pessoal

Quando eu não estava correndo entre eventos de *networking*, você podia me encontrar dançando ou fazendo longas caminhadas pelo Central Park ou pela cidade. Houve finais de semana em que eu facilmente caminhava mais de 200 quarteirões. Dançar e caminhar se tornaram meu regime definitivo de fitness em Manhattan. Inicialmente, fiz inúmeras aulas de dança na Equinox, que oferecia uma boa variedade de opções de dança, além de outros treinos e muitas aulas de ioga, que frequentei também. No entanto, algumas das minhas aulas favoritas foram sendo gradualmente removidas. Eventualmente, decidi substituir minha assinatura da academia – apesar da conveniência de múltiplas unidades espalhadas pela cidade, saunas e vestiários totalmente equipados – por aulas frequentes em estúdios de dança dedicados.

Nos fins de semana, comecei com aulas de dança da África Ocidental ministradas por Vado Diomande e outros instrutores. Eu amava os tambores ao vivo nessas aulas. Aqueles tambores me elevavam a novos patamares toda vez. Não é à toa que chamam os tambores de "o batimento cardíaco da Terra."

Mais tarde, continuei minha jornada na dança da África Ocidental com Nafisa Shariff no Harlem e passei a focar meus domingos e segundas-feiras nas aulas de Afro urban street dance de Angel Kaba. Na maioria das tardes de domingo, eu caminhava do norte ao sul do Central Park, de minha casa no Harlem até o estúdio de dança. Essas caminhadas serviam como aquecimento prévio para a dança e uma imersão deliciosa na natureza. Também eram uma ótima oportunidade para praticar minhas palestras para eventos, já que descobri que caminhar era a melhor forma de ensaiar para mim. Eu era um walkie-talkie humano.

As noites de terça-feira eram dedicadas à house dance com Kim Holmes, cujas aulas estavam entre as mais suadas e revigorantes. As aulas de Kim e Angel não apenas ofereciam técnicas de dança fisicamente exigentes e coreografias mentalmente desafiadoras, mas também proporcionavam um excelente treino cardiovascular, fortalecimento muscular e alongamento. O que eu mais valorizava nessas sessões era o aquecimento vigoroso e o treino completo, eliminando a necessidade de rotinas monótonas de academia e economizando meu tempo. Em uma das aulas de Kim, normalmente acompanhada de música *house* gravada, o músico congolês Nkumu Katalay nos acompanhou com seu tambor. Após a aula, caminhamos juntos até o metrô. Eu já conhecia Nkumu e tinha assistido a alguns de seus shows no Harlem, onde sua banda tocava principalmente rumba congolesa e ndombolo. Contudo, fora um workshop de dança tradicional congolesa e outro de soukous, eu nunca tinha realmente estudado a dança congolesa. Nkumu me convenceu a fazer aulas de ndombolo, e isso se revelou a melhor coisa que poderia ter acontecido comigo. Eu tenho um amor profundo pela música contemporânea congolesa, que, assim como o kompa haitiano, me toca instantaneamente em um nível profundo da alma. Sabe aquela sensação de que a música parece um carinho que vai além dos sentidos, abaixo da superfície da pele? Para mim, isso é ndombolo.

Comecei a estudar ndombolo com Nkumu e participei de todos os seus shows em Nova York – no Shrine e no Silvana no Harlem, em shows no parque ou festivais, no LunÀtico no Brooklyn (no meu aniversário!), no Museum of Modern Art (Museu de Arte Moderna) (MoMA), e mais. Onde quer que ele tocasse, eu estava lá... até março de 2020, quando tudo foi fechado e eu deixei Nova York para escapar dos *lockdowns* restritivos e que limitavam a liberdade. Depois disso, marcamos sessões de prática online para manter o clima vivo. Parecia que o ndombolo estava de alguma forma no meu sangue (vida passada?), embora fosse desafiador compreender totalmente o ritmo complexo no início, muito menos os movimentos de dança. Como uma observação, se você quiser treinar os músculos das coxas, experimente ndombolo.

Funciona mesmo! O fato é que ainda amo a dança e a música de ndombolo e sempre vou amar.

Uma das coisas que também amo em Nova York é a grande quantidade de concertos e festivais nos parques de todos os distritos, especialmente no Central Park, no Prospect Park no Brooklyn e nos parques menores do Harlem. Passei momentos lindos em festivais de dança africana e house dance. Os palcos de verão do Central Park e do Prospect Park trouxeram muitos artistas queridos do exterior, incluindo a icônica cantora beninense Angélique Kidjo e o cantor angolano Paulo Flores. A cada verão, eu pegava o programa e adicionava todos os meus shows favoritos ao meu calendário para não perder nenhum. O verão em Nova York era verdadeiramente bombástico.

Sabedoria em liderança – principais aprendizados

Faça o que faz seu coração cantar para manter a forma e elevar sua vibração

A rotina de exercícios mais eficaz para o corpo, mente e espírito é aquela que ressoa com você, permitindo desconectar e desafiando você mental e fisicamente. Muitas vezes vejo pessoas se esforçando em corridas no parque, claramente sem aproveitar o momento. Tentei correr algumas vezes – morar ao lado do Central Park por anos era um convite, mas simplesmente não era para mim. Correr me deixa exausta rapidamente. Por outro lado, coloque-me em uma aula de dança, e eu pulo sem esforço, mesmo que seja mais exigente fisicamente.

Consigo manter um bom ritmo pedalando longas distâncias, e adoro passar quatro horas caminhando pela cidade nos fins de semana ou fazendo trilhas nas montanhas. Só não me peça para correr! As aulas de educação física na escola eram outra história. Eu detestava tudo nelas. Talvez tivesse gostado de handebol ou basquete se não fosse sempre a última escolhida para os times, o que me deixava com uma sensação de rejeição. Tinha dificuldades com atividades como salto, corrida, natação ou ginástica, todas competitivas e que me rendiam notas baixas. A educação física me afastou dos esportes, embora eu tenha encontrado alegria no esqui e nas caminhadas com meus pais e irmãos.

Eventualmente, descobri o que realmente ressoava comigo: pedalar, ioga (que pratico intermitentemente) e, acima de tudo, dançar. Agora, aos 60, estou mais em forma do que aos 20.

Se você está com dificuldade para encontrar motivação para se exercitar, experimente atividades que estejam alinhadas com suas preferências e que tragam alegria. Não sabe por onde começar? Uma caminhada tranquila na natureza é um ótimo ponto de partida. Experimente aulas experimentais em academias, estúdios de dança ou outros lugares. Algumas comunidades oferecem aulas gratuitas de fitness, ioga ou dança ao ar livre durante as estações mais quentes.

Comprometer-se com sua saúde e forma física é uma parte essencial da liderança de si mesmo. Não tem tempo? – Então, crie-o! Agende o autocuidado no seu calendário, como qualquer outra reunião importante, para protegê-lo de ser atropelado por outros compromissos.

Considere incorporá-lo à sua rotina matinal. Eu gosto de incluir um pouco de exercício pela manhã, mas normalmente dedico mais tempo à noite, especialmente porque minhas aulas de dança geralmente são nesse horário, e posso combinar passeios de bicicleta com outras atividades de lazer. Mesmo que quando ainda era membro da Equinox, eu ocasionalmente participava de uma das muitas aulas diurnas. No final, você precisa encontrar o que funciona melhor para você, para garantir que irá manter a prática.

*

Os anos em Nova York passavam em um piscar de olhos. Por que o tempo parece correr mais rápido à medida que envelhecemos? É apenas uma injustiça, ou nossas vidas ficaram tão estimuladas que estamos perdendo a noção? Ou será que o mundo está realmente acelerando ao nosso redor? Talvez seja uma mistura dos três. De qualquer forma, o tempo estava voando, especialmente enquanto eu me lançava em aventuras emocionantes em um novo continente – a África.

Capítulo 14
Da *Big Apple* a Alkebulan – primeiros passos na África Ocidental

Lições de flexibilidade

Até 2017, minhas viagens à África haviam se limitado à região norte, especificamente ao Marrocos, onde passei dez dias memoráveis em 2006, visitando alguns dos destaques culturais do país e viajando de cidade em cidade em ônibus e trens. Enquanto minha companheira de viagem se divertia assistindo a jogos de futebol (era época da Copa do Mundo da FIFA), acabei inesperadamente vencendo partidas de sinuca contra um cara local em um bar próximo – um jogo que eu não jogava há décadas. Mas estou me desviando...

Em 2017, uma querida amiga cubana de Washington D.C., Ana María, me apresentou a um contato dela em Gana, o Steven, que nos conectou à Princesa Asie Ocansey. A Princesa Asie estava organizando um grande congresso em Acra no final de julho e me convidou gentilmente para palestrar e treinar jovens mulheres para entrevistas de emprego. Infelizmente, o evento foi abruptamente cancelado, deixando-me com passagens compradas e uma agenda liberada, além de um convite para falar no WOVSA Indaba em Joanesburgo, em agosto. Determinada a contribuir, continuei com meus planos de viagem, focando em preparar essas jovens para suas jornadas profissionais.

Durante minha estadia, fui hospedada por um advogado em Acra, que me ofereceu um alojamento a preço acessível (o qual, sim, deveria ter sido coberto inicialmente, mas enfim...) e me permitiu ver de perto o impacto transformador do treinamento para essas mulheres. Apesar de ter tido pouco tempo para explorar além de Acra e Senchi, onde passei um dia com a Princesa Asie, a experiência foi profundamente gratificante, ao ver os avanços significativos que as mulheres fizeram e o sucesso que alcançaram em suas entrevistas. Graças às conexões da

Princesa Asie, tivemos a oportunidade de nos encontrar com vários funcionários do governo, incluindo o Vice-Presidente – em sua residência, o que me deu uma visão única tanto das formalidades de seus escritórios quanto da dinâmica de patrocínios nos círculos políticos.

Finalmente, fui entrevistada por jornalistas para o jornal Ghanaian Goldstreet Business, que publicou um artigo intitulado "Especialista em recursos humanos dos EUA inicia treinamento para um milhão de mulheres ganesas", incluindo uma grande foto minha com a Princesa Asie. No geral, foi uma experiência gratificante apoiar as jovens e mais uma interessante e multifacetada curva de aprendizado.

Ministrar uma sessão na Africa Internship Academy, onde fui convidada por Emmanuel Leslie, e conhecer sua equipe e alguns participantes do programa de estágio, foi outra experiência marcante durante meu tempo em Gana. Passei um dia inteiro lá, encontrando jovens determinados com planos empreendedores ambiciosos.

Em uma tarde de domingo, em um bairro modesto no centro de Acra, tive o prazer de caminhar com uma nova amiga que também estava hospedada na casa do advogado. Foi lá que experimentei as batatas-doces fritas mais incríveis da minha vida, preparadas em uma grande panela por uma moradora local na frente de sua casa, ao preço de apenas $0,50. O sabor era incomparável, completamente diferente de qualquer outro que eu havia provado antes ou depois. O que mais me impressionou foi sua genuína hospitalidade; ela não pensou em cobrar mais só porque eu era uma visitante. Essa é uma característica que observei durante toda a minha visita a Gana e em praticamente todos os lugares na África até agora – inclusive em situações que envolvem negociação.

Para me locomover pela cidade, usei principalmente o Uber, optando ocasionalmente por táxis ou ônibus, especialmente para compras de mercado. Alguns motoristas de Uber tinham dificuldade para localizar minha acomodação, principalmente porque não havia um endereço formal. Eu os orientava usando pontos de referência como igrejas, o que frequentemente causava atrasos e me levava a sair com bastante antecedência sempre que possível.

Enfrentei um desafio semelhante ao conhecer a Princesa Asie pela primeira vez no lar de seu projeto; meu motorista de Uber encontrou o escritório da equipe dela apenas após ligar para eles, percebendo que estávamos em uma área completamente diferente do centro da cidade. Apesar desses percalços, sempre consegui chegar ao meu destino.

Por outro lado, locais como o Centre for National Culture (um enorme mercado de arte e artesanato, onde é possível observar artistas e artesãos criando seus produtos) ou o Makola Market (mercado de alimentos) não apresentaram dificuldades. Explorar o mercado de artes e artesanato foi um destaque, onde redescobri o djembe depois de mais de uma década, ao lado de um artesão local. Uma visita a Acra não estaria completa sem experimentar este mercado colorido, que oferece uma visão reveladora sobre a produção de diversos produtos.

Sabedoria em liderança – principais aprendizados

Viver uma vida enriquecedora às vezes requer flexibilidade

Viajar para países muito diferentes do nosso nos permite praticar a flexibilidade. Ser adaptável, brincar com novas circunstâncias e estar aberto a mudanças pode levar a uma vida mais plena e enriquecedora. Por outro lado, a rigidez ou resistência pode dificultar o crescimento pessoal e limitar experiências.

Pense em quais áreas da sua vida você pode estar sendo muito rígido. Você está se limitando com regras ultrapassadas? Está se prendendo a limites desnecessários porque não está disposto a se adaptar às mudanças ao seu redor ou ao crescimento dentro de si mesmo? Está causando sofrimento desnecessário a si mesmo ou a outros ao manter ressentimentos e rancores antigos, em vez de demonstrar mais flexibilidade nos seus relacionamentos? Está preso a velhos hábitos por não querer se ajustar às suas necessidades atuais?

Essas perguntas podem parecer desafiadoras ou até absurdas para você, mas incentivo que as reflita com atenção. Ao analisá-las cuidadosamente, você pode obter *insights* valiosos que elevem seu crescimento pessoal a um nível totalmente novo e o impulsionem a uma sensação de liberdade sem precedentes, permitindo uma vida mais rica e plena. Estar aberto ao novo trará um tipo especial de riqueza para a sua vida.

*

Quando chegou a hora de dizer adeus, a Princesa Asie e seu motorista me levaram ao aeroporto. Deixar a África Ocidental tão abruptamente e sem explorar mais de Gana me deixou um pouco triste, mas eu também estava ansiosa pela minha aventura nas regiões do sul do continente: Joanesburgo era o próximo destino.

Capítulo 15
Joburg: da vibe empresarial de Sandton à pulsação criativa de Maboneng

Lições sobre o profundo impacto das nossas palavras

Ao pousar em Joanesburgo, peguei o Gautrain até Sandton, onde o WOVSA (Women of Value Southern Africa) Indaba aconteceria no grandioso Sandton Convention Center. Dimakatso, a anfitriã da conferência, havia organizado com gentileza minha estadia em um hotel ao lado do Convention Center, tornando tudo muito conveniente. Um evento à noite também estava planejado em um dos hotéis sofisticados nas proximidades.

A excitação era palpável enquanto me dirigia para o local, ansiosa para fazer novas conexões com pessoas da África do Sul e de países vizinhos. Como nota adicional, fiquei muito feliz ao ver minha matéria na edição de agosto da revista Letlotlo, marcando minha segunda aparição na imprensa africana. Isso parecia um marco significativo e contribuiu para a empolgação da viagem.

A conferência em si foi uma experiência fenomenal. Conectei-me com várias pessoas inspiradoras e fiz novas amizades maravilhosas, incluindo Lefentse, Barbara, Portia, Masingita, Tintswalo, Nivashnee, Thuto e Queen Cynthia. Em uma visita posterior, em 2019, a Queen Cynthia até me convidou para falar em sua coroação. Infelizmente, estava muito distante de Joanesburgo para eu poder comparecer, mas o convite em si foi uma grande honra. Não é incrível receber oportunidades para falar nos eventos importantes da vida dos nossos amigos? A conferência do WOVSA marcou meu primeiro encontro com a realeza sul-africana e todo o cerimonial e protocolo que envolvem sua presença, acrescentando uma nova dimensão à minha experiência.

Eu estava programada para ministrar um workshop de 3 horas no segundo dia do evento. No entanto, devido a discursos e painéis mais longos do que o esperado, o programa mudou e, como muitos outros, acabei participando de um painel. Apesar da mudança, consegui fazer uma apresentação mais curta. Como mencionei no capítulo anterior, às vezes a vida exige que sejamos flexíveis para alcançar o sucesso.

O que mais me tocou naquele dia foi durante a parte de perguntas e respostas da minha apresentação, quando uma senhora se levantou para pegar o microfone. Ela compartilhou que algo específico que eu havia dito mudou completamente sua perspectiva sobre o que ela poderia alcançar em sua vida. Ela expressou uma confiança renovada, que, como resultado, permitiria a ela elevar seus negócios e sua vida a novos patamares. Momentos como esse realmente fazem meu coração cantar.

Aproveitei também essa visita para me reconectar com Nonkululeko (Nku), uma amiga que eu conheci em uma aula de dança em Nova York, e finalmente conhecer Amina e Wayne, amigos de negócios que eu só conhecia virtualmente. Amina me convidou gentilmente para sua casa, onde tivemos um jantar maravilhoso com sua família. Enquanto almoçava com Nku, decidimos fazer uma aula de ioga quente em um domingo de manhã. Chegando atrasadas, fomos paradas pela polícia de trânsito por excesso de velocidade. No entanto, Nku conseguiu nos livrar de uma multa, e logo estávamos de volta ao caminho.

Durante minha estadia, também participei de uma conferência menor com muitos palestrantes incríveis, incluindo a professora universitária Milena e Arthie, esta última conectada com outro amigo de negócios meu, Matt. Em uma tarde de domingo, Matt me levou ao Maboneng Precinct para o Market on Main, um incrível mercado de alimentos instalado em um antigo prédio industrial cercado por um complexo de restaurantes e pequenas lojas de arte. Por curiosidade, Maboneng é a palavra em Sesotho para "Lugar de Luz".

Após degustarmos algumas delícias, fomos para uma festa ao ar livre de kizomba/salsa, então pude até dançar um pouco. Arthie e seu marido se juntaram a nós mais tarde e fomos a um pequeno restaurante para comer frango antes de subir no elevador para o Living Room, um bar-restaurante na Kruger Street, onde o estilo musical predominante era o house. Me apaixonei imediatamente pelo bairro artístico de Maboneng, que possui uma grande variedade de restaurantes e bares, além do mercado de rua aos fins de semana com todo tipo de artesanato e muitas festas ao ar livre. É um distrito revitalizado no centro da cidade, com uma riqueza de murais pintados e edifícios industriais convertidos em apartamentos para moradores locais, além de alguns Airbnbs para turistas, incluindo o Curiocity Backpackers na Fox St. Com tantos artistas vendendo seus trabalhos e os muitos muros cobertos de arte, essas ruas formam um espaço urbano que é um centro de criatividade.

A vibração e a criatividade de Maboneng deixaram uma impressão duradoura em mim, tornando-se um dos pontos altos da minha visita. Decidi que, se algum dia retornasse a Joanesburgo, Maboneng Precinct seria minha base. Fiel à minha palavra, tornou-se meu lugar preferido sempre que ficava em Joanesburgo, às vezes por um mês ou mais.

Sabedoria em liderança – principais aprendizados

Desbloqueie o impacto da sua mensagem e transforme vidas

Quando aquela mulher se levantou e compartilhou como uma declaração específica da minha apresentação havia mudado sua perspectiva, percebi o impacto profundo de falar naquela conferência. Isso fez com que a viagem valesse muito a pena. E marcou um momento crucial que destacou o poder das nossas palavras. Que mensagem arde dentro de você, esperando para ser compartilhada com o mundo? Considere o potencial profundo em sua voz! Imagine quantas vidas você poderia transformar!

Agora é o seu momento de dar um passo à frente e compartilhar seu presente único com o mundo! Se a hesitação está te impedindo – talvez devido à ansiedade de falar em público – explore meu livro *Speak Up, Stand Out and Shine* na Amazon. Ele está cheio de dicas e técnicas práticas para ajudá-lo a encontrar a coragem e a confiança para se apresentar diante de seu público e transmitir sua mensagem de forma eficaz. Há pessoas que precisam ouvir o que você tem a dizer.

*

Eu sabia que aquela não seria minha última vez naquele país. Eu havia feito muitos amigos dessa vez, e também havia dança para mim em Joburg, o que tornava uma estadia prolongada ainda mais atraente. Nas nuvens, durante meu voo de volta para casa, já estava criando uma razão para minha próxima visita.

Capítulo 16
Sharp sharp e os robôs em Mzansi

Lições sobre como elevar experiências de viagem e confiando na intuição

Na minha próxima visita, encontrei meu primeiro Airbnb em Maboneng, na Main Street, onde conheci uma nova amiga e vizinha, Asanda. Costumávamos relaxar ao redor da pequena fonte no pátio do prédio pintado com o padrão de zebra. Dado que a segurança no prédio era um pouco relaxada, eu estava sempre atenta. Então, uma noite, quando acordei ao som inconfundível de alguém mexendo na fechadura da minha porta, um calafrio percorreu minha espinha. Meu coração disparou enquanto eu reunia coragem para me aproximar da porta. Tentando controlar minha voz trêmula, imitei um tom grosso e masculino e exigi saber quem estava ali. Os segundos se arrastaram como uma eternidade antes que uma voz envergonhada do outro lado revelasse a verdade – era apenas outro hóspede do Airbnb que tinha confundido meu apartamento com o dele.

Além desse breve incidente, meu apartamento estúdio, decorado em um estilo encantador de safari, era adorável, mas não estava disponível para toda a minha estadia de um mês. O proprietário me indicou o lugar de Kgosietsile na Fox Street. Da janela daquele estúdio, eu podia ver uma mensagem na parede externa de um prédio vizinho que dizia "Eu amo seu trabalho." Parecia uma nota pessoal do Universo, confirmando que minha mensagem estava ressoando com meu público na cidade. O Universo adora nos enviar mensagens, não é?

Kgosi se tornou mais tarde um querido amigo e cliente. Fale sobre o Universo conspirando! Acabei ficando no seu Airbnb duas vezes, em um enorme prédio industrial com elevadores antigos que, embora modernos, estavam sempre lentos e frequentemente fora de serviço. Mesmo assim, eu amava aquele lugar! Uma vez, quando o apartamento de Kgosi não estava disponível, reservei uma estadia com uma conhecida dele no mesmo prédio. Aquela casa tinha se tornado minha segunda casa em Jozi, a poucos passos de todos os meus lugares favoritos em Maboneng: o lugar para dançar nas tardes de domingo, o Café congolês Bertrand ali perto (meu local favorito onde sempre encontrava novos amigos e esbarrava com pessoas locais como Senzo, que era o dono do restaurante Love Revo e aluguel de bicicletas do outro lado da rua).

Foi também onde conheci Mabila, que trabalhava com gestão de propriedades de alto padrão no Airbnb, e Reggie Khumalo, um incrível pintor que alcançou fama internacional. Fui convidada algumas vezes para visitar seu estúdio em Maboneng para admirar sua arte e ajudá-lo a transportar algumas de suas telas para o Brooklyn para uma exposição, na minha volta de Joburg para Nova York em 2019.

O Bertrand às vezes tinha uma DJ que tocava principalmente house (estilo sul-africano, que é o meu preferido dentro do house), e a calçada em frente ao restaurante se transformava em uma pista de dança para festas descoladas.

Meus amigos, incluindo Portia, Barbara e Lefentse, que moravam em outras partes da cidade e Durban, estavam sempre felizes em passar tempo em Maboneng. Costumávamos nos encontrar lá, embora, ocasionalmente, eu também fosse até Sandton, Rosebank Mall ou outras partes da cidade para ver algumas das pessoas maravilhosas que conheci naquela primeira conferência onde eu estava palestrando. Uma vez, até me aventurei até Pretória para conversar com uma senhora que queria discutir treinamentos para mulheres no governo local, mas que, no entanto, não aconteceu, pois havia certos requisitos para os prestadores desses serviços, que eu – como mulher branca – não atendia.

Sbusisiwe, Yoliswa e Toni são alguns outros nomes que me vêm à mente quando penso na África do Sul. Encontrar essas mulheres extraordinárias para conversar sobre negócios, projetos e causas frequentemente se transformava em uma oportunidade de saborear um almoço ou jantar delicioso juntas. Era sempre uma pausa revigorante do meu trabalho habitual de mesa.

Em um determinado momento, fui hospedada novamente em um hotel em Sandton por alguns dias, quando o BCG me contratou para ministrar um workshop para um grupo de funcionários em um local lindo. Quando fui visitar o escritório pela primeira vez, não encontrei o endereço de imediato, então perguntei a um segurança na rua. Ele apontou para cima da rua e me instruiu a "virar à direita no *robot* (robô)." Desesperadamente procurando por um robô, não consegui ver nenhum. Perguntei de novo para ter certeza de que tinha entendido corretamente. Ele me olhou incrédulo, sem entender por que eu não via o robô. Olhei para ele, depois para a direção em que ele apontava, provavelmente com grandes sinais de interrogação nos olhos. Não querendo perguntar uma terceira vez, agradeci e caminhei até o semáforo, virei à direita e depois à direita novamente, e finalmente encontrei a entrada do prédio. Só depois que soube que "robot" significa "semáforo" na África do Sul, algo que eu devia ter perdido na minha primeira visita por algum motivo.

Em outra ocasião, decidi revisitar o lugar de frango na Kruger St. onde havíamos comido durante minha primeira visita a Maboneng. Quando entrei, o rapaz vendendo comida me cumprimentou com um animado "shop shop." Eu inicialmente pensei: "Espera aí, acabei de chegar! Deixa eu tomar meu tempo para decidir e comprar." Apesar da minha surpresa, cumprimentei-o educadamente, fiz meu pedido, paguei e saí. Para minha surpresa, encontrei o mesmo cumprimento "shop shop" em outras lojas e cafés pela cidade. Eventualmente, percebi que eles estavam realmente dizendo "sharp sharp," que pode ser traduzido livremente como "tudo bem?" ou "como vai?". A língua pode ser fascinante! A propósito, você sabia que quando os sul-africanos dizem "você parece *smart*," não estão comentando sobre sua inteligência? É a forma deles de dizer que você está bem vestido ou elegante.

Embora Joanesburgo não seja a cidade mais segura para passeios tranquilos, consegui aproveitar algumas caminhadas maravilhosas ao redor de Braamfontein ("Braamies") e, claro, Maboneng. Me mergulhei nas expressivas pinturas murais, visitei alguns museus pequenos e explorei bares ecléticos. Com o tempo, aprendi onde estavam as áreas mais seguras dentro da área de Maboneng. Para itens básicos, como água, ovos, pão e vinho, eu fazia compras localmente. Qualquer coisa mais sofisticada exigia sair da área, embora Maboneng tivesse seu quinhão de excelentes restaurantes.

Dado a distância até a estação do Gautrain em Parktown, geralmente dependia do Uber para chegar lá ou para outros lugares que não eram servidos pelo metrô. No entanto, um dia memorável, peguei um "táxi" (uma pequena van, semelhante àquelas usadas no Rio de Janeiro, além dos ônibus regulares) em Jeppestown para um *shopping center* com minha nova amiga Hloni. Normalmente cautelosa para viajar sozinha em Joanesburgo por ser um lugar desconhecido, ao contrário do Rio de Janeiro onde me sentia mais confiante, preferia não arriscar acabar no bairro errado sozinha. Segurança em primeiro lugar, mesmo quando explorando uma cidade intrigante como Jozi!

Dito isso, descobri que as noites de quinta-feira em Maboneng eram reservadas para passeios noturnos de bicicleta organizados por Senzo, o dono do restaurante Love Revo. Esses passeios se tornaram um dos destaques da minha semana. Acompanhados por locais e visitantes ocasionais do exterior, partíamos em direções diferentes a cada semana. Nosso primeiro passeio nos levou pela Commissioner Street, eventualmente chegando à casa de um ciclista em Kensington. Em outra ocasião, fomos até um rooftop isolado no topo de um estacionamento, um local escondido que só um morador local poderia revelar. De lá, navegamos pelas ruas mal iluminadas do centro, vislumbrando pessoas acampadas em antigos prédios industriais transformados em abrigos improvisados. Partes do passeio foram rápidas e cautelosas, pedalando apressadamente por áreas arriscadas onde parar era desaconselhado – especialmente torcendo para que não tivéssemos furos nos pneus. Um pneu furado em um lugar específico por onde passamos não teria sido minha ideia de uma grande aventura. Finalmente, chegávamos a uma área de bares modernos, cada um com seu charme distinto. Escolhemos o mais espetacular para uma pausa antes de retornar ao ponto de partida. Enquanto os rapazes saboreavam coquetéis especiais da casa, eu preferia um delicioso vinho sul-africano.

Outro passeio de bicicleta memorável nos levou por uma seção deserta de rodovia, normalmente movimentada. Também exploramos outros cantos enigmáticos da cidade, incluindo uma visita à casa do proprietário do Curiocity Backpackers. Esses passeios foram, sem dúvida, alguns dos melhores momentos da minha estadia em Joburg, junto com outra excursão de bicicleta durante o dia, mais sobre isso depois.

Nas tardes de domingo, eu frequentava o bar ao ar livre que Matt me havia apresentado no passado, onde esperavam danças de kizomba, semba e salsa. Foi lá que conheci dançarinos excepcionais da África do Sul e Angola. Aqueles domingos à tarde eram o paraíso do dançarino! Durante algumas das minhas visitas posteriores a Joburg, Faye Baba, uma vizinha do prédio, et Hloni, às vezes se juntavam a mim nos meus passeios de dança ou no rooftop.

Uma noite, enquanto caminhava de volta do jantar, encontrei Zebe, um Rastafári zimbabuano que vendia cintos, brincos e outros itens artesanais ao lado de um companheiro mais jovem. Nossa conversa passou por vários assuntos até que se fixou na dança. Zebe mencionou seu trabalho com o pessoal do Drill Hall, uma vasta antiga instalação militar transformada em um centro onde artistas e artesãos viviam e trabalhavam, criando de tudo, desde bolsas até joias. Ele também estava ensinando um grupo de adolescentes a dançar lá. "Você precisa vir nos visitar!" Zebe insistiu antes de me presentear com um par de brincos.

Intrigada, perguntei a amigos sobre o Drill Hall e planejei ir de Uber até lá. A resposta foi cética: "Boa sorte encontrando um motorista disposto a ir." Como Zebe não tinha telefone, coordenar nossa visita dependia de nos comunicarmos por meio de amigos em comum, como Karabo.

Eventualmente, consegui me reconectar com Zebe e propus que ele me acompanhasse. Para minha surpresa, ele apareceu no dia combinado, apesar de seu estilo de vida espontâneo. Não sei o que me fez confiar nessa pessoa, exceto o fato de que minha intuição me permitiu. A intuição é algo precioso quando decidimos ouvi-la. Juntos, caminhamos da Fox Street em Maboneng até o Drill Hall, localizado em Hillbrow, ao lado do ponto de táxi. O caminho nos levou por ruas desconhecidas, não recomendadas para forasteiros. Tenho certeza de que não teria conseguido passar por ali ilesa sozinha.

Nunca esquecerei essa caminhada; cenas específicas permanecem gravadas em minha memória. É difícil descrever minha experiência, pois a maior parte das minhas impressões fluiu através dos meus canais emocionais. Embora eu tenha absorvido tudo com os olhos e ouvidos, muito foi sentido energeticamente.

Eu sei que não teria querido caminhar por aquele caminho sozinha, o que por si só diz muito, já que não sou geralmente avessa ao risco. Continua sendo uma memória preciosa e especial, apesar de ter presenciado o horrível abuso de drogas nas calçadas. Percebi que meu acompanhante estava constantemente alerta, sempre observando o ambiente. Uma vez, um indivíduo claramente perturbado se aproximou de nós de forma ligeiramente ameaçadora, mas Zebe rapidamente o colocou no lugar com algumas palavras firmes. Esse breve incidente foi o único, e foi rapidamente resolvido pelo meu companheiro. Com o conhecimento de Zebe sobre os locais ao longo do nosso caminho, conseguimos passar com segurança, embora discretamente, cuidadosos para não atrair muita atenção, o que era praticamente impossível para uma turista. Chegamos ao nosso destino seguros e salvos, com muita gratidão pela orientação de Zebe e pelo conhecimento local que tornou a excursão possível.

Quando nos aproximamos da área do Drill Hall, passamos por um grupo de rapazes lavando carros em um lava-jato. Quando paramos para cumprimentá-los, eles expressaram surpresa e apreciação, dizendo: "Uau, é tão legal que você esteja vindo aqui. Nunca realmente aparece gente de fora para nos ver aqui." Continuamos nosso caminho até o Drill Hall, compramos algumas frutas e cumprimentamos mais conhecidos de Zebe pelo caminho, incluindo uma senhora simpática que vendia sabão. Eventualmente, chegamos e entramos.

Zebe me levou para um tour pelo andar térreo, onde grandes pinturas estavam expostas nas salas e corredores, esperando para serem concluídas. Caminhamos pela área externa com uma pista de skate e depois entramos em um prédio lateral onde vários artistas compartilhavam quartos, alguns dos quais estavam dormindo. Em seguida, visitamos um salão onde um grupo de rapazes fez uma apresentação espontânea de dança para mim. Tentei seguir os passos deles, mas a coreografia era muito avançada para eu pegar rapidamente – ainda assim foi muito divertido! Por fim, subimos para o primeiro andar do prédio principal, um vasto salão onde as pessoas fabricavam bolsas, brincos, itens de tecido e couro, e figuras de arame, na maioria feitas com materiais reciclados, como retalhos de couro. Na varanda, um monte de pneus velhos aguardava ser transformado em sandálias. Como lembrança, recebi uma bolsa belamente confeccionada e, ao sairmos, conheci um talentoso artesão chamado Elvis, que criava flores coloridas com contas. Que experiência extraordinária!

Quando chegou a hora de nos despedirmos, Karabo (que era muito ligada à moda) decidiu voltar conosco. Pelo caminho, encontramos alguns amigos Rastafári de Zebe vendendo itens na calçada. Eles me presentearam com uma música improvisada de "Rasta hip-hop", e alguns dos rapazes formaram um círculo protetor ao meu redor para que eu pudesse gravar no meu celular. Foi um daqueles momentos "extra-especiais".

De volta a Maboneng, Zebe me surpreendeu ao revelar um enorme par de tesouras escondido em sua manga – sua medida discreta de autodefesa. Embora eu estivesse ciente do potencial perigo, a preparação de Zebe destacou a realidade do ambiente e sua determinação em garantir nossa segurança.

Naquela noite, nos juntamos novamente ao grupo de passeio de bicicleta de Senzo, que nos levou até a casa do dono do Backpackers, com sua vista deslumbrante sobre a cidade – o final perfeito para um dia inesquecível. Mas foi mais do que isso. Foi outra coincidência serendípica: eu tinha sugerido a Zebe que ele discutisse negócios potenciais com esse homem. O Backpackers atraía muitos clientes em potencial para os produtos do Drill Hall. Eu contei sobre minha excursão do dia e a história de Zebe para ele. Infelizmente, nunca consegui me reconectar com Zebe, que, segundo um de seus amigos, estava se mantendo afastado por algum motivo desconhecido. Se tivéssemos encontrado uma forma de nos comunicar sem depender de seu celular, talvez a sincronicidade estivesse do lado dele naquele dia.

Seis meses e meio na África do Sul não podem caber em apenas um capítulo, então junte-se a mim no próximo capítulo para mais aventuras em Mzansi!

Sabedoria em liderança – principais aprendizados

Converse com os locais para uma experiência de viagem especial

Ao viajar, interagir com os locais abre portas para experiências inesquecíveis e percepções valiosas sobre diferentes culturas e estilos de vida. Essas interações frequentemente levam a momentos que você não encontraria através dos serviços turísticos tradicionais. No entanto, embora "fazer como os locais fazem" possa enriquecer sua jornada, é essencial exercer discrição e cautela quando necessário. O que pode ser seguro e enriquecedor em um contexto pode representar riscos em outro.

Encontrar o equilíbrio certo entre exploração e cautela é fundamental. Não se deixe guiar apenas pelo medo de ficar de fora. Confiar na sua intuição e avaliar as situações com cuidado são essenciais para tomar decisões mais conscientes. Embora muitos locais sejam acolhedores e confiáveis, agir com prudência assegura que você aproveite ao máximo a experiência sem comprometer sua segurança.

A propósito, viagens emocionantes não precisam custar caro. Ouço com frequência as pessoas dizendo: "Eu adoraria viajar como você, mas não posso pagar por isso." A verdade é que muitas vezes gastei menos dinheiro viajando do que ficando em Nova York. Durante um tempo, até tive um acordo flexível com o meu senhorio de NYC, que me cobrava pouco ou nada quando eu não estava usando o apartamento.

Isso só foi possível com um contrato de aluguel menos formal, mas meu ponto é: pense de forma criativa e você encontrará um jeito.

Ouça sua intuição para avaliar pessoas e situações

Quando fazemos novas conexões, nem sempre sabemos de imediato se as pessoas têm nossas melhores intenções em mente e se devemos confiar nelas ou não. Aprender a usar nossa intuição é algo precioso nessas situações.

O mesmo se aplica às relações interpessoais nos negócios. Em um capítulo anterior, compartilhei um exemplo de quando não ouvi minha voz intuitiva, o que resultou em uma decepção extremamente dolorosa por parte do meu parceiro de negócios. Algo dentro de mim estava se mexendo, mas eu não me dei ao trabalho de prestar atenção. Eu queria que não fosse verdade.

Eu o encorajo a se conectar com seu coração sempre que tiver dúvidas sobre as intenções de alguém ou sobre uma decisão que deve tomar. Não sabe como fazer isso? Dê uma olhada no meu canal no [YouTube](), onde você pode encontrar ótimas dicas, ou [entre em contato comigo diretamente]() e vamos bater um papo!

*

A cada partida da África do Sul, eu saía mais rica em amigos e experiências, com o coração cheio de mais razões para voltar. Embora Joanesburgo tenha sido minha base principal, também saí para visitar outros lugares, como Durban, Cidade do Cabo e White River/Mpumalanga. Mais sobre isso em breve...

Capítulo 17
África do Sul continuada: mais encontros e empurrãozinho de um elefante

Lições de apreciação e generosidade

Houve uma época em que eu procurava ativamente pessoas em vários países africanos, simplesmente entrando em contato com elas online. Jenna Clifford, a renomada designer de joias, foi uma dessas pessoas. Para minha surpresa, ela concordou em se encontrar, embora estivesse morando em sua fazenda em Mpumalanga e só visitando Joanesburgo ocasionalmente. Ela sugeriu que eu me encontrasse primeiro com Sonja, a Gerente Geral do seu Ateliê de Design Flagship em Morningside.

Como é costume na África do Sul, Sonja me cumprimentou com uma garrafa de vinho branco gelado. Eu saí com outra garrafa de vinho e um belo saca-rolhas como presente, além da promessa de que Sonja me levaria à fazenda de Jenna, junto com outra mulher da equipe, onde logo estariam filmando comerciais. Sonja cumpriu sua promessa! Alguns dias depois, nos encontramos para seguir viagem até White River, onde ficamos em uma casa próxima onde haviam alugado alguns quartos. Antes de nos acomodarmos, visitamos a extensa propriedade de Jenna. No caminho para a casa de campo, passeamos por um estábulo com cavalos e um burro. Do lado de fora, mais cavalos pastavam junto a outros animais. Um grupo de grandes cães nos seguiu por todo lado, a maioria deles pacífica e doce. No entanto, um tinha um temperamento um tanto agitado e gostava de nos incomodar de vez em quando. Eu adoro cachorros, mas alguns podem ser um pouco imprevisíveis ou traiçoeiros, e esse com certeza era.

Jenna não era apenas uma talentosa designer de joias, mas também uma cozinheira incrível. Ela havia preparado uma deliciosa lasanha de vegetais, que planejava assar mais tarde. Por enquanto, abriu uma garrafa de vinho branco. Enquanto saboreávamos nossos copos, conversamos sobre trabalho – o dela, o meu, o de Sonja e a filmagem dos novos comerciais. A personalidade forte de Jenna e sua generosidade tornaram o dia intensamente interessante.

Uma coisa que aprendi rapidamente em Mzansi é que alguns sul-africanos bebem vinho branco como se fosse água. Embora eu aprecie um bom copo de vinho com o jantar e possa valorizar uma boa garrafa, simplesmente não conseguia acompanhar muitos deles, incluindo essas mulheres!

Nos dias seguintes, visitamos outra propriedade de Jenna – uma mansão lindamente decorada que ela alugava para eventos como retiros. Também exploramos algumas belezas naturais próximas antes de ser hora de retornar à cidade, e meu "pacote de viagem" ainda incluiu uma massagem relaxante na propriedade onde estávamos hospedados.

Uma vez, fiz um passeio de bicicleta por Soweto com minha amiga Barbara. Eu já tinha ido a Soweto antes, mas apenas para uma visita rápida à Casa de Mandela, parte de um tour organizado por Dimakatso, a anfitriã da conferência WOVSA. Esse passeio de bicicleta, embora também guiado, foi uma experiência completamente diferente. Cobri uma área muito maior de Soweto, explorei vários bairros, conversei com os moradores e até provei uma cerveja típica de uma tribo local.

Em setembro de 2019, fiz outra viagem a Soweto, desta vez com Lefentse. Fomos até a animada cena de festa na tarde de domingo, onde também encontramos um de seus colegas, o amigo dele e Nobayeni, uma dançarina local que eu havia conhecido antes em Maboneng. Passamos o dia compartilhando cervejas, trocando histórias e fazendo algumas fotos divertidas juntos. Foi uma tarde de domingo descontraída e animada.

Durante uma das minhas visitas à África do Sul, voei para Cidade do Cabo, seguindo convites de dois amigos: Inet, que eu havia conhecido por meio de um grupo de networking online, e Christo, cuja festa em Brooklyn eu havia assistido antes de ele se mudar de volta para seu país natal. Inet foi gentil o suficiente para me buscar no aeroporto e nos levar até sua casa na região de Western Cape. Com ela, comi o melhor peixe frito com batatas fritas de todos os tempos em Fish Hoek, e também exploramos algumas maravilhas naturais nas proximidades de carro. Para o meu segundo destino, a casa de Christo, peguei um táxi com um motorista simpático que, por acaso, também era guia turístico. Ele parou em alguns pontos de vista espetaculares ao longo do caminho.

Uma manhã, Christo e eu nos levantamos bem cedo para fazer uma trilha até a Table Mountain, onde fomos recompensados com vistas deslumbrantes de Cidade do Cabo e das áreas ao redor. Embora a trilha fosse relativamente curta em comparação com as montanhas da minha casa na Baviera, queríamos chegar ao topo antes que o calor fosse intenso demais. Christo também me levou a algumas das vinícolas e vinhedos mais bonitos de Stellenbosch, onde degustamos vinhos e comidas exquisitos.

Se você viajar para Cidade do Cabo, recomendo muito comprar um bilhete de dois dias para o ônibus turístico hop-on hop-off. É uma excelente opção, pois o ônibus leva você para bem longe da cidade em um longo percurso que seria difícil de cobrir em um único dia, caso você queira realmente aproveitar a experiência. Você pode descer no grande jardim botânico, nas muitas praias ou fazer um tour a pé por uma township. Como sou uma viajante muito independente, normalmente evito grupos turísticos e passeios voyeuristas, mas decidi fazer a parada na township porque a guia estava esperando no ponto e ninguém mais desceu. Isso significava que ela não ganharia gorjetas se eu não fosse com ela, e ao mesmo tempo, me deu a chance de ter uma conversa mais profunda do que se estivesse andando com um grupo de turistas. Pareceu mais como um passeio com uma amiga, o que foi ótimo. Compramos água e lanches em uma loja local, e ela me mostrou os arredores, compartilhando histórias sobre os moradores da township. Quando eu fui embora, já tínhamos nos tornado amigas.

A parada no jardim botânico foi imperdível, e adorei ficar sentada no deck aberto do ônibus, apreciando a paisagem. Foi uma verdadeira delícia. Inicialmente, comprei um bilhete de um dia, pensando que voltaria bem mais cedo, mas percebi que o passeio era longo e havia mais paradas interessantes para explorar. Então, voltei e adicionei o segundo dia, que valeu 100%!

Após passar o Ano Novo em Cidade do Cabo (em uma festa bastante sem graça, com música totalmente fora do meu gosto), era hora de voltar para Joanesburgo por alguns dias antes de pegar outro voo para Durban. Em Durban, inicialmente fiquei em uma pequena pousada em um bairro predominantemente indiano, antes de me mudar para a casa de Lefentse, que me aguardava em um lindo apartamento na praia, ao norte de Durban. Curiosidade: a área tinha muitos macacos, então tínhamos que tomar cuidado para sempre fechar as janelas quando saíamos, ou eles entravam e causavam estragos, como já haviam feito na casa da minha amiga, comendo a maior parte de suas compras, quebrando garrafas, e deixando uma bagunça enorme.

No meu primeiro dia com Lefentse, almoçamos na área do Porto. Depois, ela foi para o escritório e eu continuei explorando diferentes bairros de Durban a pé e de ônibus antes de seguir para o norte.

Uma noite especialmente memorável foi passada no The Chairman, um renomado e lindamente decorado bar de jazz. O proprietário, um arquiteto, o havia projetado impecavelmente. Fui agraciada com uma maravilhosa apresentação ao vivo da banda local NAT Jazz Band, composta por várias gerações de músicos. Eu poderia ter assistido e ouvido a música deles a noite toda, apesar de não ser uma grande fã ou conhecedora de jazz. A única outra apresentação de jazz que me tocou tanto foi de John Lurie & the Lounge Lizards, que eu vi ao vivo em Munique, no início dos meus vinte anos, embora fosse um estilo completamente diferente.

Enquanto estava em Durban, também visitei um centro de treinamento juvenil fundado por Zondwa Mandela e sua equipe. Eu tinha conhecido o Zondwa em Nova York e, depois, tivemos uma reunião tinhamos feito uma reunião via Zoom para discutir uma possível colaboração. Embora tenha me reunido com a equipe de gestão do centro, o momento não era o ideal para avançarmos, pois estavam no meio de outros programas. No entanto, tivemos uma reunião enriquecedora, e foi uma experiência interessante aprender sobre as atividades do centro.

Em um café de um shopping local, aproveitei um café com Senamile Masango, uma renomada cientista nuclear que eu havia sido apresentada pela minha amiga Ana María, de Washington, D.C. Nossa conversa foi maravilhosa, e Senamile me convidou depois para falar em um de seus eventos *online*.

Um dos meus destaques em Durban foi visitar o PheZulu Safari Park e o Natal Lion Park, perto de Pietermaritzburg. Contratei uma motorista e guia para me buscar em uma das minhas últimas manhãs em Durban.

Entrar no Natal Lion Park foi uma aventura por si só: tivemos que dirigir para dentro de um grande cercado, onde o portão atrás de nós fechava antes do da frente abrir. No nosso carro pequeno, que parecia um brinquedo perto dos majestosos leões ao nosso redor, fiquei fascinada com um bando que parecia composto por leões gigantes, esticados ao sol do meio-dia. Eles estavam inicialmente deitados preguiçosamente ao sol, mas logo começaram a se levantar e exibir suas formas impressionantes. Foi emocionante estar tão perto desses animais majestosos, embora permanecêssemos dentro do carro, com as janelas fechadas, para garantir o conforto deles (e o nosso). Ficou claro que mover-se com cautela e seguir os conselhos dos especialistas era crucial ao estar na presença de criaturas tão poderosas.

Em um parque adjacente, encontramos um homem com um elefante domesticado. Tive a chance de alimentar o elefante com alguns petiscos, que ele pegou avidamente da minha mão. Quando o pacote de comida acabou e me virei, o elefante me cutucou com a tromba, quase me derrubando. Foi um susto vívido que pegou de surpresa, deixando uma marca inesquecível na minha memória.

A visita ao Safari Park também foi memorável. Passamos um bom tempo procurando girafas até que finalmente as avistamos ao longe. Quando nos aproximamos, algumas pareciam estar se alongando e se curvando, como se estivessem em uma sessão de ioga. Foi um momento encantador e divertido que coroou uma experiência fabulosa.

Antes de deixar Durban, tive o prazer de conhecer Gcina Mhlope através da minha amiga Lefentse. Gcina, uma renomada autora, dramaturga, performer e contadora de histórias, lidera um notável projeto de alfabetização que tocou inúmeras vidas. Durante uma de nossas reuniões, trocamos livros, e fui impactada pela sua presença e paixão.

Suas extraordinárias habilidades de contadora de histórias fizeram dela uma escolha perfeita para uma conferência internacional de mulheres na qual eu falaria em Joanesburgo em 2019. Apresentei-a ao evento, e foi um privilégio vê-la subir ao palco e compartilhar sua sabedoria e voz. Mas estou me adiantando de novo... Falo mais sobre essa viagem depois.

Sabedoria em liderança – principais aprendizados

Mostrar apreço por cada experiência nos mostra a nossa abundância

A abundância vem de muitas formas e maneiras. Uma delas é a sabedoria e o crescimento. Reconhecer e valorizar cada experiência enriquece não apenas nossa percepção sobre nossas próprias vidas, mas também nosso entendimento, e isso nos ajuda a tomar decisões melhores. Ao apreciar tanto os momentos pequenos quanto os eventos significativos, podemos desenvolver uma perspectiva mais refinada e aprimorar nossa capacidade de enfrentar os desafios futuros.

Além disso, a apreciação diz ao Universo que é isso que você quer mais, e o Universo está sempre disposto a entregar conforme a vibração que você emite e os sinais que envia a ele – é uma reflexão.

- Reconheça contribuições únicas. Quando alguém se dedica para ajudar ou compartilhar algo especial com você, reconheça o esforço da pessoa e expresse sua gratidão. Isso não apenas fortalece seus relacionamentos, mas também cria um ambiente positivo e de apoio. Seja a habilidade culinária de alguém ou a visão local que você ganha em conversas com outra cultura, faça questão de reconhecer e apreciar as contribuições únicas de cada experiência. Reconheça o que cada interação trouxe para o seu crescimento e expresse sua gratidão àqueles que tornaram tudo isso especial.

- Capture e reflita sobre momentos memoráveis. Assim como você dedica um tempo para saborear suas experiências únicas (como a beleza da Table Mountain ou a atmosfera do bar de jazz The Chairman), registre esses momentos em um diário. Refletir sobre essas memórias ajuda a valorizar a riqueza de cada experiência e pode oferecer valiosas percepções para empreendimentos futuros.

Cultivar um espírito de generosidade sempre compensa

Sempre achei os africanos profundamente generosos, onde quer que eu viaje. Embora minha mala seja muito pequena para acomodar todos os presentes físicos que recebo, sempre há bastante espaço no meu coração para os intangíveis.

Abraçar a generosidade e a reciprocidade fortalece conexões mais profundas e potencializa os esforços colaborativos. Ao dar e receber abertamente, construímos confiança e criamos um ambiente positivo onde os outros se sentem motivados a retribuir.

- Abrace os costumes locais e a hospitalidade: Retribuir esses gestos demonstra respeito e fortalece conexões mais profundas. Por exemplo, trazer um pequeno presente (pode ser seu livro) ou contribuir com uma sessão, como eu faço com frequência (não precisa ser algo material) ou simplesmente mostrar apreciação pelas tradições locais pode criar boa vontade e aprimorar relacionamentos.
- Esteja aberto a oportunidades não planejadas: Sua disposição para se juntar a outras pessoas e explorar atividades inesperadas, como uma atividade com um amigo que significa muito para ele, ou uma sessão de ensino improvisada, mostra seu valor pela flexibilidade e abertura. Encare novas experiências e oportunidades não planejadas com uma atitude positiva. Essa

abertura pode levar a encontros enriquecedores e criar vínculos mais fortes com as pessoas que você encontra, além de recompensá-lo com memórias inesquecíveis.

- Lembre-se de que receber é dar, e dar é receber. Se você rejeitar um presente, estará privando a outra pessoa da satisfação que vem de dar (e, portanto, de receber a satisfação que isso traz).

*

À medida que meu tempo na África do Sul estava chegando ao fim, eu tinha apenas alguns dias restantes em Joanesburgo e estava ansiosa para aproveitar mais uma tarde de dança no domingo. Os dois meses haviam passado num piscar de olhos, e era hora de voltar para o inverno congelante de Nova York.

Capítulo 18
Uma nova era de exploração: Partindo como uma cigana andarilha

Lições sobre o poder das palavras e conexões

No verão de 2019, iniciei um novo capítulo, deixando meu apartamento em Harlem para mergulhar de cabeça em uma vida de exploração incessante. Com uma agenda cheia pela frente, minha odisseia começou com palestras em uma conferência da SHRM em Phoenix, Arizona, seguida por um evento internacional em Joanesburgo. De lá, fui para Maryland, onde fiz várias apresentações em um retiro de um grande escritório de advocacia, e depois para a Alemanha, para me reconectar com a família. Retornei brevemente a Nova York para ministrar um workshop num congresso, antes de embarcar para dois meses emocionantes na África Oriental, imergindo nas culturas de Uganda e Ruanda.

Na época, eu não fazia ideia de que essa aventura nômade se estenderia além do ano inicialmente planejado. Já tinha compromissos agendados em Kansas, Havaí, Inglaterra, Nigéria, África do Sul e, claro, Nova York... até setembro de 2020. Mais tarde, adicionei eventos na África Oriental – Kigali, Kampala e Nairóbi, alguns dos quais eram para se tornar colaborações de longo prazo.

No entanto, após março de 2020, todos esses planos foram cancelados devido aos *lockdowns* e às restrições de viagem impostas. Consegui escapar do *lockdown* antes que ele se intensificasse, intuindo parte do que estava por vir. E não fui impedida de viajar – apenas para destinos diferentes dos originalmente planejados... e lutando pelo meu direito humano básico de respirar livremente com funcionários de aeroportos e companhias aéreas em terra e no ar.

Voltando a setembro de 2019! Pouco depois de retornar do Arizona, embarquei em um voo para Joanesburgo para palestrar na conferência internacional da Female Wave of Change (FWoC)[2], bem como em um evento da Data Science Academy para empreendedores, entre outras possíveis apresentações. Ao chegar ao Aeroporto Internacional O.R. Tambo, chamei um Uber para me levar ao meu Airbnb em Maboneng. Exausta da longa viagem de Nova York, afundei no banco de trás, ansiosa para me refrescar e comer algo em um dos meus lugares favoritos na Fox Street.

Para minha surpresa, o motorista, um zimbabuano, informou que não tinha certeza se poderia me levar com segurança a Maboneng. Ele explicou que havia protestos violentos e ataques xenofóbicos em Jeppestown e, possivelmente, em Maboneng. Ele ligou o rádio para acompanhar as atualizações. As notícias eram alarmantes: caminhões na estrada para Durban estavam sendo incendiados, e havia ataques contra estrangeiros e negócios pertencentes a estrangeiros, especialmente nigerianos, mas também de outras nacionalidades, em Joanesburgo.

As estradas estavam caóticas, com motoristas confusos e engarrafamentos em áreas marcadas como "alta criminalidade", onde normalmente evitaríamos parar, mas isso era impossível devido à confusão. Foi uma viagem assustadora enquanto navegávamos por essas zonas. Felizmente, chegamos em segurança, mas, ao nos aproximarmos da Main Street em Maboneng, vimos manifestantes com paus em uma rua paralela. Meu motorista, quase em pânico, perguntou se deveríamos parar ou continuar. Eu o incentivei a prosseguir. Ele, nervoso demais, ultrapassou a fila de carros à nossa frente e acelerou até chegarmos ao nosso destino na Fox Street.

Ele rapidamente me deixou com minhas malas na calçada e foi embora o mais rápido que pôde. Dada a situação, eu não podia culpá-lo – zimbabuanos também eram alvo nos tumultos, acusados de tirar empregos locais. Apressei-me em arrastar minhas duas malas para dentro do prédio, apenas para descobrir que meu apartamento não estaria pronto por mais uma hora – não era a melhor notícia depois de um voo vindo de Nova York! Quando finalmente consegui acesso ao

---

[2] Saí dessa organização em 2020 devido a diferenças ideológicas

meu estúdio, tomei um banho rápido e tentei decidir o que fazer em seguida.

Sentindo muita fome, percebi que todos os restaurantes normalmente movimentados na Fox Street estavam fechados, exceto uma pizzaria que fazia parte de um pequeno cinema no mesmo prédio. Saí pela porta da frente e entrei pela entrada ao lado. Pouco depois, o barulho dos protestos recomeçou lá fora, e os donos rapidamente trancaram a porta enquanto homens com grandes paus e expressões sombrias passavam.

Enquanto eu esperava pela minha pizza, conheci novos amigos bem excêntricos e, apesar do sono, me diverti bastante. Eventualmente, caí na cama, exausta, mas aliviada por estar segura... pelo menos por enquanto.

No sábado, com a situação aparentemente mais calma e os restaurantes começando a reabrir, encontrei dois amigos locais para uma sessão de fotos, um deles sendo Karabo. Durante o ensaio, passeamos pelos incríveis murais no Precinct, capturando momentos únicos naquele dia e nos divertindo muito. Recebi as fotos alguns dias depois, e elas ainda estão entre as minhas preferidas de todas as sessões de fotos que já fiz.

As tardes de domingo eram reservadas para dançar em um bar ao ar livre na mesma rua. Talvez você se lembre de que mencionei esse lugar antes: um complexo encantador que abrigava um mercado de alimentos em uma área de estacionamento coberta, uma galeria de arte e várias lojas de artesanato, tudo em torno de um grande pátio interno com escadas que levavam ao local de dança.

Naquele domingo, eu estava ansiosa para sair e dançar com alguns dos meus parceiros favoritos. Minhas sapatilhas de dança já estavam na bolsa. Por volta das 14h30, ouvi barulhos altos lá fora. Ao olhar pela janela, vi vendedores ambulantes, artistas e artesãos recolhendo às pressas suas belas peças expostas na calçada. Na outra direção, uma longa caravana de homens com bastões e expressões ameaçadoras marchava pela rua. Adeus, dança daquele dia – tudo foi fechado novamente, incluindo todos os restaurantes e lojas.

Na semana seguinte, tinha uma reunião marcada para quinta à noite, o que significava que perderia o habitual passeio de bicicleta de quinta-feira. Entrei em contato com o organizador, Senzo, para ver se havia outro dia em que pudéssemos ir. Ele geralmente não fazia passeios em outros dias, mas ofereceu-se para me levar para ver o que tinha acontecido com as lojas nigerianas na Roberts Avenue, afetadas pelos ataques xenofóbicos. Aceitei, e partimos, pedalando por oficinas de carros e pneus queimados. A cena era devastadora, parecendo uma zona de guerra, com destruição direcionada especificamente a proprietários de pequenas empresas nigerianas.

Continuamos pedalando até chegarmos a um restaurante encantador com um pátio aconchegante e único, que incluía um pequeno ônibus transformado em área de estar adicional para os clientes. Era realmente um lugar muito especial. Nosso passeio se estendeu mais do que o esperado e, sem luzes nas bicicletas, tivemos que chamar um Uber para nos levar de volta. O carro que chegou era pequeno demais para as bicicletas, mas com paciência e destreza, o motorista conseguiu colocá-las no veículo removendo um pneu. Levou cerca de 15 minutos, algo que eu não imaginava acontecer com um motorista de Uber em Nova York. Fiquei aliviada e grata quando tudo deu certo.

Com os rastros da agitação ainda aparecendo aqui e ali, senti a necessidade de me mudar para um bairro diferente, mais próximo ao local da conferência, The Wanderers Club, em Fairway, já que não era garantido que eu conseguiria sair de Maboneng nas manhãs para o evento que duraria vários dias. Encontrei um Airbnb conveniente em Sandton.

A conferência foi uma oportunidade incrível para criar novas conexões com mulheres inspiradoras. Conheci a poderosa Asnath, que rapidamente se tornou uma amiga próxima, e Mmahlapa – juntas, mostramos alguns passos de Afrobeat. Reencontrei Tebello de uma visita anterior a Joanesburgo e conheci Khomotso, a rainha da moda, e Paballo, com quem mais tarde tive uma conversa rica durante um almoço delicioso. A lista de mulheres notáveis que encontrei incluiu Cynthia, Josefina, Yvonne, Thekla, Mellany e muitas outras. Fiquei empolgada em oferecer ingressos cortesia para minhas amigas locais Barbara, Faye e Hloni, que também fizeram conexões maravilhosas. Uma delas resultou em uma mentoria de longo prazo que levou a uma carreira totalmente nova, culminando na autoria de um livro.

Durante essa visita, eu também estava programada para falar em um evento de empreendedorismo com Renée, uma parceira com quem já havia trabalhado anteriormente em um tópico específico e com quem havia dado uma apresentação para a Dow Jones em Nova York. No evento, conhecemos dois amigos angolanos, um deles sendo o Zee, e uma noite todos saímos juntos, incluindo o namorado de Renée. Eles até se juntaram a mim em um domingo à tarde no Bertrand's, em Maboneng, onde dançamos algumas kizombas.

Enquanto estava em Joanesburgo, minha agenda estava sempre lotada de reuniões e encontros emocionantes. Um destaque foi com Yolanda, da On Cue, que me convidou para visitar seu instituto em Midrand. Ela e sua equipe estavam ensinando jovens profissionais de mídia e cinema a estarem *"on cue,"* sempre prontos para falar no momento certo. Fui para uma sessão rápida com eles – apenas uma colaboração de curto prazo, mas por que não? Foi um dia adorável e, quando terminamos, aproveitamos um almoço de *braai* (churrasco) juntos no jardim.

Outra ligação veio de Milena, uma professora da Escola de Turismo e Hospitalidade da Universidade de Joanesburgo. Eu a conheci durante um dos eventos na minha primeira visita à cidade. Ela me convidou para dar uma aula sobre liderança inclusiva para alunos do primeiro ano no dia seguinte. Não era um trabalho remunerado, e foi um convite de última hora, mas ela se ofereceu para me buscar e consegui encaixar na agenda, então aceitei.

Ensinar a aula foi desafiador em vários aspectos. Primeiro, a tecnologia: levou um tempo para fazer o projetor funcionar. Sem a apresentação, seria difícil transmitir o conteúdo de forma significativa. Segundo, essa foi a primeira e única aula sobre liderança que esses alunos já tiveram. Por último, havia um pequeno grupo de alunos sentados na última fila que pareciam desinteressados e "relaxados" demais. Engajar a todos seria um desafio.

O auditório estava cheio de alunos do primeiro ano e quatro professores. Decidi começar a conversa do ponto de vista deles: "O que é especial ou diferente em você? E por que isso tem valor?" Ao focar neles, esperava engajá-los imediatamente. Essa tática (junto com trazer uma energia vibrante) funcionou muito bem. Quando pedi voluntários para virem à frente para um exercício divertido, tanto um dos alunos mais tímidos quanto o "cara mais descolado" da última fila se voluntariaram. Nos divertimos muito juntos.

Milena havia encomendado sanduíches e outros lanches, organizando um pequeno encontro para encerrar o evento. Um aluno se aproximou e disse: "Essa foi a melhor aula que já tive até agora." Outra aluna mais tarde me enviou um e-mail dizendo: "Muito obrigada por vir nos ensinar. Você me fez ver que tenho valor, que sou boa do jeito que sou e que não há razão para esconder quem eu sou." Sua mensagem literalmente me trouxe lágrimas aos olhos. Às vezes, é incrível o impacto profundo que as palavras podem ter...

Isso me lembra do que Kgosi, meu ex-anfitrião de Airbnb e cliente, uma vez me disse: "Para mim, você é um dos destaques da última década." Ter um impacto positivo na vida das pessoas significa o mundo para mim. Almoços ou jantares com Kgosi eram sempre ocasiões especiais. Lamento não podermos tê-los com mais frequência, embora ainda mantenhamos contato de tempos em tempos. É maravilhoso ter uma relação de negócios simbiótica onde somos clientes mútuos.

Outro encontro memorável foi com Kimaany Kimaany, um músico de reggae de Camarões, que estava em Joanesburgo para um show e jantava com um de seus contatos de negócios ao lado da minha mesa uma noite. Tivemos uma ótima conversa, e ele me deu seu CD. Há algo em Maboneng que torna surpreendentemente fácil fazer novos amigos.

Sabedoria em liderança – principais aprendizados

As palavras importam – elas podem transformar vidas

As palavras têm o poder de impactar profundamente os outros, muitas vezes mais do que imaginamos. Os reconhecimentos que recebi após minhas palestras na África do Sul e em outros lugares mostram como uma simples afirmação ou pergunta pode mudar a perspectiva de alguém e transformar sua crença no que é possível alcançar.

Isso nos lembra da importância de usar nossas palavras com sabedoria e compartilhar as mensagens que outros talvez precisem ouvir.

Como líder, dominar a arte da comunicação é essencial. É crucial para construir equipes funcionais, coesas e felizes; transmitir sua visão; conquistar adesão para seus projetos; e representar com sucesso sua divisão, organização ou causa.

Reflita sobre suas habilidades de comunicação:

- Quais áreas precisam de melhoria?
- Existem lacunas que você precisa preencher?
- Você consegue conduzir conversas com fluidez com sua equipe, alta gestão, clientes e outras partes interessadas nos seus projetos?
- Você teme conversas difíceis ou transmitir mensagens impopulares?

Agora é o momento de aprimorar suas habilidades de comunicação. Use suas palavras para inspirar e liderar com eficácia. O impacto que você pode causar é imensurável.

Os métodos e ferramentas do metodo Conversational Intelligence (C-IQ)® podem ajudar. Eles têm permitido que muitos de meus clientes aprimorassem suas habilidades e se tornassem comunicadores mais competentes.

Às vezes, nosso papel na vida das pessoas é ser uma ponte

Sou conhecida como uma conectora e gosto de atuar como "ponte." Há uma enorme satisfação em reunir pessoas para benefícios mútuos, seja apresentando potenciais parceiros de negócios, clientes ou mentores. Trata-se de criar oportunidades para crescimento, colaboração e sucesso compartilhado.

Pense nas pessoas da sua rede. Por quem você pode ser uma ponte? Quem você pode apresentar que pode gerar uma relação transformadora?

- **Identifique conexões potenciais:** Olhe ao seu redor. Quem tem habilidades ou objetivos complementares? Quem poderia se beneficiar ao se conhecerem?
- **Tome a iniciativa:** Entre em contato com essas pessoas. Explique por que você acredita que elas devem se conectar e como podem ajudar uma à outra.
- **Acompanhe:** Verifique como a conexão se desenvolveu e ofereça suporte adicional, se necessário.

Ser uma ponte é mais do que fazer apresentações; é fomentar relacionamentos que podem mudar vidas. Seu simples ato de conectar outras pessoas pode resultar em parcerias inovadoras, projetos transformadores e amizades duradouras.

Quem você pode apresentar hoje que pode criar um efeito dominó de mudanças positivas? Tome a iniciativa e seja o catalisador para a próxima grande oportunidade de alguém. O impacto pode ser profundo e significativo.

*

Mais uma vez, parti com um profundo senso de amizade e experiência. E, mais uma vez, ao deixar o continente africano, prometi voltar em breve. E assim foi – mais países entraram na minha lista. Visitar a África não era apenas uma fuga conveniente dos invernos de Nova York para os verões africanos. A verdadeira razão era muito mais profunda. Ela estava entrelaçada com meu trabalho, pois muitas vezes estendia as viagens justificadas por compromissos profissionais para continuar trabalhando, me divertindo e explorando em diversos locais.

Eu prospero com mudanças de cenário, e a África oferecia o pano de fundo perfeito para o crescimento pessoal e profissional, além de enriquecer minha vida com sua cultura rica.

Viajo para vivenciar a vida local, não para ficar em um hotel *all-inclusive* tomando coquetéis. Certa vez, ouvi uma coach de alto nível e influenciadora dizer que adorava viajar porque podia experimentar um coquetel diferente em cada destino. Bem, cada um com seus gostos... Para isso, eu poderia simplesmente caminhar pela rua de qualquer grande cidade, reservar um quarto e visitar o bar do hotel todas as noites. Ou qualquer bar, se a questão for realmente os coquetéis. Não é preciso viajar longe para isso!

Capítulo 19
Microfones, reuniões e magia: câmaras e ondas sonoras em Camarões

Lições de espontaneidade e autenticidade

Em março de 2018, junto com minhas co-apresentadoras Natalie, de Camarões/Itália, e Monica, da Geórgia (EUA), organizamos a Conferência de Empreendedorismo de Camarões - Construindo Ecossistemas Empreendedores na África, no prestigiado Hotel Mont Fébé, em Yaoundé. Foi uma viagem emocionante a Camarões, a primeira para mim, ainda mais especial por ter sido um sonho antigo visitar o país com meu antigo amor camarunês, um plano que nunca se concretizou.

A conferência foi um verdadeiro projeto de paixão; todos nós investimos nosso tempo e dinheiro nela, sem nenhum lucro financeiro, mas as recompensas em gratidão, reconhecimento e calor humano foram avassaladoras. Meu tema foi *Aumente seu impacto para ser visto em um mercado saturado*. Entre o público entusiástico, havia um grande grupo de estudantes, absorvendo ansiosamente nosso conteúdo. Conhecer Sophie Ngassa e os outros palestrantes incríveis que havíamos convidado foi outro destaque, e ainda tivemos uma grande matéria no jornal local, com fotos coloridas.

Também tive o prazer de participar do programa de rádio *Calling the Women*, com a poderosa Amy Banda, da CRTV, com quem me conectei anos antes dessa viagem. Foi incrível gravarmos no estúdio dela e depois curtirmos o tempo juntas. Com Amy, também passei várias noites conversando durante jantares camaroneses saborosos no que se tornou meu restaurante favorito, Manuba – não só pela comida excelente e o lindo jardim, mas também pela música. O DJ até tocou um pouco de kompa haitiano uma noite, além de Afrobeat e outros ritmos africanos. Amy, mais tarde, também me incluiu em uma edição do noticiário *Daybreak*.

As anfitriãs da conferência estavam programadas para uma rápida entrevista em um programa de TV matinal com Pochi Tamba Nsoh, uma renomada apresentadora da CRTV. Para isso, tivemos que acordar às quatro da manhã para chegar ao estúdio cedo para a maquiagem. Enquanto aguardávamos nossa vez, soubemos que apenas um de nós teria tempo de antena. Isso foi bem decepcionante depois de todo o nosso esforço de acordar cedo, especialmente porque havíamos anunciado nossa entrevista nas redes sociais. Avançando um pouco...

Após a conferência, decidi me mudar para um hotel pequeno e simples em outra parte da cidade, o Bellevue, no bairro de Mbankolo. Não havia telefones nos quartos, e o serviço de celular não funcionava bem em Yaoundé, muito menos o GPS, que estava completamente inoperante. O wifi do hotel era instável, e o único telefone confiável era o fixo na recepção.

Em uma das minhas últimas manhãs em Yaoundé, o dono agitado do Bellevue veio bater na minha porta, gritando excitado: "Olá, senhora, tenho a estação CRTV na linha para você!" Corri até a recepção para atender a ligação. A voz do outro lado me informou que eu deveria estar no estúdio até as 11 da manhã para aparecer no programa *Midi Live*, com Myra Nangeh, que também foi a mestre de cerimônias da nossa conferência, ao meio-dia. O programa *Midi Live* é um programa bilíngue, atendendo aos públicos de fala inglesa e francesa. O interlocutor, apenas um mensageiro, não tinha mais detalhes para oferecer.

Embora empolgada com essa oportunidade surpresa, iniciada pela minha amiga Amy Banda, alguns desafios surgiram. Eu tinha reuniões agendadas para o dia, e sem internet e com serviço de celular instável, entrar em contato com meus parceiros de reunião foi complicado. Eventualmente, e em um frenesi, consegui reagendar. O segundo desafio foi encontrar um vestido limpo e pronto para TV. Com a viagem chegando ao fim, eu estava ficando sem roupas sofisticadas.

Optei por um vestido colorido e um par de saltos combinando que fariam o trabalho e chamei um táxi. A viagem até os estúdios da CRTV foi caótica, com engarrafamentos e várias pequenas colisões, incluindo um esbarrão com uma motocicleta. Ninguém parecia se importar. O show deve continuar!

Apesar do trânsito angustiante, cheguei ao estúdio na hora, onde a maquiadora me aguardava. Não sou fã de ar condicionado pesado, mas aquele estúdio estava bem quente. Aguardei no meu assento, assistindo ao começo do programa até minha vez.

O estúdio se tornou o cenário de uma troca realmente memorável. Myra e eu tivemos uma conversa encantadora e fluida, apesar de não termos nos preparado para o conteúdo. Eu não sabia o que ela me perguntaria. Foi um daqueles momentos em que a autenticidade prevalece, e acabamos tendo uma ótima conversa. Um chef bem viajado, nos bastidores, estava preparando deliciosos espetos de frango asiático com gergelim, e uma banda tradicional camaronesa estava posicionada em frente ao sofá onde estávamos. Eles haviam convidado a banda para mim, sabendo que eu adorava dançar. Isso significava que eu teria que levantar e dançar com eles de saltos finos em um tapete fofo! Apesar de nunca ter dançado aquele ritmo antes, foi incrivelmente divertido. O líder da banda veio me ensinar alguns passos, e Myra, uma excelente dançarina, também entrou na dança. Tudo se tratava de se divertir e entreter o público, e fizemos isso com muito sucesso!

Minhas amigas da CRTV me contaram depois que os telespectadores escreveram dizendo que adoraram me ver participando. Elogiaram a espontaneidade, uma prova do poder de abraçar o imprevisível e o não planejado. Eles acharam incrível, e eu também. Com certeza foi um momento memorável, especialmente porque foi totalmente improvisado da minha parte. E... estar em um programa de TV camarones – missão cumprida!

Outra oportunidade que surgiu para mim em Yaoundé foi falar em um evento para cerca de 50 mulheres empreendedoras organizado por Santher Mbacham e sua equipe Imagenation, que intitularam *Coreografe o seu sucesso como líder feminina nos negócios & na sociedade*, alinhado à minha paixão pela dança. Outras palestrantes foram Leila Kigha e Gladys Viban, duas palestrantes camaronesas incrivelmente poderosas e inspiradoras. Nesse evento, tive o prazer de conhecer Njikta Ngwi, que mais tarde me surpreendeu com um presente: uma camisa camaronesa lindamente bordada que ela mesma havia desenhado.

Também tive a honra de ser entrevistada sobre meu livro *Speak Up, Stand Out, and Shine*, no hotel, por Suzanne Belle Essengue, da CRTV. Ela trouxe um cinegrafista, e tivemos uma conversa fantástica para o programa de livros da CRTV. Amy Banda também apareceu e gravamos um segundo programa juntas, que dessa vez foi filmado, em vez de apenas gravarmos o áudio.

Graças aos esforços de Amy Banda, mais tarde apareci em revistas após entrevistas com Charles Tembei e Gilbert Ewehmeh, que me destacaram em suas publicações.

A apresentadora do programa de TV matinal, Pochi Tamba, uma vez fez um convite para Monica e para mim almoçarmos em sua casa. Além da refeição deliciosa e da conversa agradável, saímos com um presente precioso: um grande pedaço de lindo tecido africano.

Em retribuição, convidei Pochi para o almoço em um dos meus restaurantes favoritos. Ela gentilmente se ofereceu para me mostrar a cidade e me levou a um mercado de arte e artesanato tranquilo, onde comprei dois belos colares. Mais tarde, tive o prazer de jantar com Pochi e seu marido, Christopher, em um famoso restaurante de frango. Nosso jantar foi uma mistura de negócios e prazer, enquanto discutíamos o trabalho de Christopher na Universidade de Buea e outros assuntos.

Quando Pochi se mudou temporariamente para Nova York para estudar cinema, ficou comigo até se estabelecer em um apartamento permanente. Durante seu tempo na cidade, aproveitamos uma série de atividades juntas, incluindo um documentário sobre minha amiga, a designer de moda guineense Mariame (que tinha uma loja na rua de meu apartamento), longas caminhadas no Central Park e aulas de dança.

Voltando ao meu tempo em Yaoundé: Fico impressionada com quantas reuniões consegui encaixar em menos de duas semanas, apesar dos desafios de comunicação causados pela internet instável e o serviço de telefone. Entre essas reuniões, houve uma com o Prof. Willibroad Dze-Ngwa, Presidente Fundador da HEHIPEDS. Ele me levou a uma área movimentada que lembrava um bazar árabe, cheia de lojas e pequenos pontos de comida.

Emilienne, uma senhora gentil que conheci através de outra organização, organizou uma visita ao Ministro da Mulher e da Família. Também explorei vários ministérios do governo instalados em prédios negligenciados; seus tetos enfeitados com fios pendurados que urgentemente precisavam de reparos. Ela também me levou a uma rua repleta de lojas de costureiros. Levou alguns tecidos e fez para mim um vestido tradicional camarones, que pegamos pouco antes da minha partida.

Em Camarões, minhas aventuras de viagem às vezes envolviam entrar em táxis coletivos – basicamente, carros compartilhados onde você se amontoa com passageiros locais e nunca sabe exatamente onde ou quando vai descer. Com a minha falta de orientação em Yaoundé e o GPS do meu celular americano não funcionando devido à falta de rede, navegar dessa forma era um verdadeiro jogo de azar. Frequentemente, procurava conselhos com pessoas nas paradas de ônibus para descobrir qual seria a tarifa justa, o que aumentava a sensação de imprevisibilidade. Minha presença como estrangeira não passava despercebida; era claro que eu era uma visão rara nesses táxis lotados.

Uma manhã, o marido de Pochi, Christopher, gentilmente me pegou no meu hotel para uma reunião com alguns contatos empresariais importantes. Nosso destino era uma parte chique do complexo Palais des Congrès, onde tomaríamos o café da manhã no restaurante elegante. Para evitar o notório trânsito, ele optou por um atalho por algumas ruas menores e não pavimentadas.

Tinha chovido muito na noite anterior, transformando esses atalhos em um pântano. Uma rua tinha sido transformada em um mercado movimentado – transbordando de legumes, frutas e pessoas – tudo sujo pela chuva da noite passada. Quando ficamos presos no meio do caos de vendedores, bicicletas e uma multidão interminável de pessoas, ficou claro que estávamos em um beco sem saída. Avançar ou retroceder era impossível.

Determinado a não perder nossa reunião, Christopher pediu ajuda a um jovem para nos guiar para fora. Por uma gorjeta, é claro. Navegar para fora do engarrafamento foi como enfiar uma agulha; sempre que nos movíamos, as pessoas corriam para evitar o carro, e a lama espirrava até as nossas janelas. Após 20 minutos tensos, finalmente saímos para ruas mais limpas e chegamos ao local da reunião. Curiosamente, chegamos cedo – nosso contato também estava atrasado!

No mesmo local, tive o prazer de conhecer um grupo fantástico de mulheres. Ao longo dos anos, mantivemos contato, e uma delas até organizou uma memorável "última ceia" em sua casa com sua família, antes de me levar ao aeroporto na noite da minha partida.

Sabedoria em liderança – principais aprendizados

Oportunidades não planejadas muitas vezes se transformam em momentos inesquecíveis

Quando nosso programa de TV chegou ao fim, não pude deixar de admirar a beleza das oportunidades não planejadas. Esses momentos espontâneos, quando abraçados, frequentemente se tornam os destaques inesquecíveis de nossas viagens e de nossas vidas.

Reflita sobre isso: O que você teria feito se estivesse no meu lugar naquela manhã no Hotel Bellevue? Teria mantido seus planos originais por conveniência, ou teria aproveitado a oportunidade, mesmo que significasse sair do seu caminho para remarcar compromissos? Seja honesto consigo mesmo.

Depois de ler minha história, pense no que faria da próxima vez que uma oportunidade como essa surgir na sua vida. Você dirá sim e fará acontecer? Sim ou não?

Autenticidade sempre ganha ao conectar com o público

Eu não fazia ideia do que esperar no programa de TV. Nunca o tinha assistido, não sabia quais perguntas a apresentadora faria e, certamente, não esperava ser convidada a dançar – tudo ao vivo, em um país onde eu havia acabado de chegar há poucos dias.

Quando vi Myra, fiquei aliviada. Eu nem sabia que ela seria a apresentadora. Decidi ir com o fluxo, aceitando tudo o que viesse. E foi exatamente isso que fiz. Encarei o desafio de dançar sem hesitação, e, pelo que ouvi dos comentários dos espectadores, o público adorou tudo.

Esse sucesso se resumiu a duas coisas: mostrei-me autêntica, sendo quem sou, e abracei o inesperado com espírito de aventura. Não estraguei a surpresa divertida deles. Não me passou pela cabeça não dançar, mesmo correndo o risco de parecer boba. Não sou de estragar a diversão.

Pense em um momento em que você recusou uma oferta ou oportunidade por medo de passar vergonha. Quantas vezes perdeu grandes momentos de diversão e a chance de inspirar outras pessoas a correr riscos e experimentar algo novo, mesmo que isso significasse ser imperfeito?

Na próxima vez, você pode encontrar coragem para dizer sim? Qual é o risco real, afinal? Ninguém gosta de pessoas que querem parecer perfeitas – pessoas perfeitas neste sentido não existem. (Embora, como seres espirituais, sejamos todos perfeitos como somos).

Ouse ser você mesmo, ser real. O mundo precisa de mais autenticidade. Então, na próxima vez que uma oportunidade inesperada aparecer, aproveite. Apresente-se como seu verdadeiro eu, abrace o poder do momento e inspire outros a fazerem o mesmo.

*

Quando deixei Camarões, minha mala estava transformada. Em vez das cópias do meu livro que eu havia vendido e dado aos montes, ela estava cheia de presentes – um cenário típico ao sair do continente africano. Mas meu coração estava ainda mais cheio, repleto de novas amizades, memórias queridas e experiências ricas.

Mal sabia eu que também estava trazendo de volta um "presente" inesperado, um que estava longe de ser bem-vindo. Mais sobre isso no próximo capítulo

.

Capítulo 20
Um inimigo silencioso me derrubando... e quase me tirando a vida

Lições sobre vida, morte e autocuidado

Depois de chegar em uma primavera incomumente fria em Nova York, rapidamente mergulhei em uma agenda intensa de networking e me preparei para um workshop de três dias no Catar. Uma empresa indiana havia me contratado para ministrar esse treinamento, e eu estava entusiasmada em ensinar o poderoso conteúdo do meu framework *Powerful Leadership Transformation (PLT)*™, complementado por ferramentas do *Conversational Intelligence (C-IQ)*®, a um grupo de líderes femininas em Doha.

Cerca de duas semanas após meu retorno, comecei a me sentir mal. No início, não fiquei alarmada, mas conforme minha condição piorava rapidamente e eu me sentia extremamente fraca, procurei uma unidade de atendimento médico *CityMD* em Harlem, perto de casa. Após realizarem alguns exames, fui informada de que haviam chamado uma ambulância para me levar ao hospital, suspeitando de algo sério. Foi assim que me vi na sala de emergência do Mount Sinai Hospital, onde determinaram que minha pressão arterial estava perigosamente baixa e que eu estava gravemente desidratada.

Fiquei lá até que estivesse razoavelmente reidratada e minha pressão tivesse se normalizado. Por volta das 4h30 da manhã, me disseram que eu tinha malária. Mesmo assim, fui liberada e mandada para casa com uma receita de medicação para malária. Raramente tomo medicamentos, mas fui orientada de que, nesse caso, era essencial. Hesitei sobre tomar o "remédio"... Caminhei lentamente para casa, dormi até as 11h (ainda me sentindo extremamente fraca e exausta) e, eventualmente, fui até a farmácia para buscar o medicamento. Grande erro!

Tomei a dose prescrita, voltei para a cama ainda me sentindo cansada e fraca, e, poucas horas depois, me senti tão mal que mal conseguia me mexer. Desesperada e sem saber o que fazer, liguei para o 911 (o número de emergência nos EUA) sem nem sair da cama. Cerca de 30 minutos depois, me buscaram de cadeira de rodas, pois eu já não conseguia mais andar. Literalmente me arrastei até a porta do apartamento para que não precisassem arrombá-la.

Fui transportada de volta ao mesmo hospital, onde tive que esperar e provar que tinha seguro ou condições de pagar (procedimento típico nos EUA!) antes de ser admitida na UTI. Não conseguia comer, beber ou fazer nada sozinha, muito menos usar o banheiro. Estava miserável, ciente de que minha vida estava por um fio.

Me sentia tão frágil que deixava ser tratada como uma marionete... braço levantado, braço solto, olhos quase fechados. Isso não tem nada a ver com quem eu sou! Sou alguém que toma as rédeas, que prospera na independência e na força. Mas, naquele momento, estava à mercê dos outros, impotente e vulnerável, oscilando entre a consciência e o desmaio. Meu corpo, antes um veículo de determinação, agora parecia uma casca frágil. O contraste era marcante e perturbador, um lembrete de como a vida pode mudar rapidamente de controle para caos.

E, ainda assim... senti uma estranha serenidade. Como se uma onda de paz me envolvesse, acalmando o aparente tumulto e trazendo uma tranquilidade inesperada. Era como estar em outra dimensão; tudo parecia surreal.

No dia seguinte, quando já estava um pouco mais estável, fui transferida para um quarto pequeno e nada acolhedor em outro andar, ao lado da estação de enfermagem. Tudo o que eu queria era dormir, dormir, dormir. Infelizmente, o barulho era constante, com enfermeiros conversando, minha porta quase sempre aberta e, em uma noite, um homem invadiu o quarto procurando um parente, reclamando alto de algo.

Uma grande tela na parede exibia paisagens naturais tranquilas em um loop contínuo. Dia após dia, assistia a essas cenas serenas, que, de forma estranha, contribuíam para o senso de paz misteriosa que eu ainda sentia na maior parte do tempo. Era tudo o que eu assistia – sem TV, sem vídeos, sem áudios, sem livros. Sentia vontade apenas de dormir e ficar passiva, mas, com o barulho constante no corredor, me resignei a olhar para a tela quando não conseguia dormir.

Mas finalmente, minha memória inquieta me lembrou: com a viagem iminente ao Catar, precisava avisar a empresa indiana sobre minha condição, para que estivessem preparados caso eu não pudesse viajar. Depois de algumas mensagens trocadas e percebendo a relutância deles em mudar as datas, mesmo que por uma semana, decidi informá-los que estaria bem para as datas originais, embora ainda precisasse preparar algumas coisas. Disse a mim mesma que ficaria bem, e sabia que ficaria. Contudo, no dia seguinte, me informaram que adiariam o treinamento de quatro dias por uma semana.

Além do barulho, a comida era insuportável. Lembrei da comida hospitalar no Brasil – não era gourmet, mas anos-luz à frente dessa coisa repulsiva. Ironia do destino, os pacientes recebiam um enorme menu intitulado algo como "Sugestões do seu nutricionista," cheio de opções que pareciam ótimas, mas eram as coisas mais nojentas e insalubres que já vi (nutrição = zero!). Se você não estivesse doente antes, ficaria depois de comer aquilo, diabetes incluída!

Minha primeira experiência no café da manhã incluiu um iogurte de banana absurdamente doce e processado com ingredientes estranhos (odeio iogurte de banana, ainda por cima tão açucarado!), acompanhado de uma banana tão marrom que parecia tirada da compostagem (quem serve uma banana com iogurte de banana, afinal?), um sachê de chá e uma papa horrível que eu jamais provaria na vida! O que eu tinha escolhido era algo como "fruta fresca, iogurte e chá de ervas." Até o chá veio errado – era preto, não de ervas.

No dia seguinte, escolhi apenas chá de ervas e pedi à minha amiga Mimi que me trouxesse croissants e frutas – algo comestível – e ela o fez com gentileza. No entanto, durante toda a minha estadia, meu pedido de chá de ervas foi ignorado, e só recebi chá preto ou água. Nem isso conseguiram acertar. A situação seria cômica se não fosse tão absurda, considerando os anúncios pomposos do menu.

No almoço, tentei pedir peixe frito com purê de batatas, achando que seria difícil errar, já que meu apetite estava voltando. A porção era enorme (algo que eu não tinha solicitado), mas a qualidade era indescritível, não no bom sentido...

A hidratação artificial havia inchado meu corpo como um balão, então eu realmente não estava com disposição para comer muito. Estava ansiosa para voltar a entrar nas minhas calças e precisava urgentemente de mais sono se quisesse me recuperar a tempo para a viagem. Então, pedi para ser liberada o mais rápido possível.

Minha amiga húngara, Ava, que morava longe, em New Jersey, generosamente liberou tempo para me buscar de carro, fazer compras comigo e me levar para casa. Já faminta ao ver frutas e legumes frescos novamente, finalmente preparei uma enorme panela de sopa de legumes, garantindo algo saudável e substancial para os dias seguintes. Fiz mais sopa do que poderia comer na vida inteira!

Assim que a sopa ficou pronta, comi até me fartar e fui para a cama, onde dormi por 15 horas seguidas!

Quando saí dos meus sonhos, fui sacudida pela realidade das tarefas urgentes: terminar o conteúdo do *workshop* e os slides, além de comprar algumas roupas adequadas. Meus vestidos eram todos sem mangas, algo inadequado para o código de vestimenta do Catar e o ar-condicionado gelado esperado no hotel.

Dado o ritmo lento da minha recuperação, precisei ser cautelosa. Até mesmo uma caminhada rápida no ar quente da primavera poderia me mandar de volta ao hospital. Meu corpo ainda estava se recuperando, e forçá-lo demais não era uma opção. Com qualquer esforço físico, meu coração batia como um tambor, um lembrete claro da fragilidade da minha condição.

Algumas sessões holísticas remotas com minha instrutora de *BodyTalk*, Terryann, do Canadá, combinadas com remédios fortalecedores – e naturais – para a imunidade, como a artemísia, aceleraram minha recuperação nos dias seguintes. Graças a essas intervenções, consegui concluir tudo e finalizar os preparativos a tempo.

Sabedoria em liderança – principais aprendizados

Sua saúde merece prioridade máxima

Quando sua vida está por um fio, você tem duas escolhas: priorizar sua saúde ou arriscar tudo. Um susto sério com a saúde não apenas revela a fragilidade da vida, mas também reforça a importância fundamental do autocuidado. Autocuidado não é um luxo; é uma parte essencial da autoliderança, e sua saúde e bem-estar devem sempre vir em primeiro lugar.

Pense nisso: com que frequência você prioriza sua saúde e bem-estar?

- Você reserva tempo para se exercitar e manter a forma?
- Está se movimentando o suficiente?
- Permite-se descansar adequadamente?
- Tem uma rotina que o ajuda a recarregar as energias?
- Dedica tempo para ficar consigo mesmo?
- Como você começa o dia?
- Está comendo alimentos nutritivos e se hidratando?
- Como estão seus níveis de estresse?
- Sabe como gerenciar o estresse excessivo?
- Respeita suas necessidades físicas e mentais?
- Uma massagem ou reflexologia semanal melhoraria seu bem-estar?

Reflita sobre essas perguntas com sinceridade e ajuste seus hábitos conforme necessário. Seu futuro eu irá agradecer!

*

Enquanto me acomodava no assento do avião rumo ao Catar, senti-me grata pela oportunidade de descansar durante o voo e animada para conhecer os participantes do treinamento.

Capítulo 21
Ensinando sob o sol de Doha

Lições em transações de negócios

Ao desembarcar do avião em Doha, fui imediatamente atingida pelo ar quente e seco, intensificando minha sede insaciável. Meu corpo ainda estava se recuperando, ansiando por hidratação, mas, desde que eu me movimentasse devagar, conseguia me virar. Depois que o táxi me deixou no hotel, começou a correria das reuniões de preparação, com a oficina começando na manhã seguinte.

Fui apresentada a um grupo diverso de oito mulheres, todas líderes da mesma organização da indústria petrolífera, variando de iniciantes a profissionais experientes em termos de liderança. Havíamos combinado incluir meu livro como parte do material do workshop. Embora meu contrato especificasse que eu não poderia inscrever diretamente nenhuma participante para sessões individuais de coaching, o livro, com meus dados de contato, oferecia um caminho para que elas entrassem em contato comigo. E, como era de se esperar, em um dos dias do *workshop*, uma das participantes mais experientes me procurou, demonstrando interesse em me contratar como sua coach. Lembrei-a da necessidade de passar pela agência, o que resultou em uma troca de e-mails para seguirmos com o processo. Naquela noite, durante uma reunião com o representante da agência, informei sobre a interação. Ele agradeceu pela minha transparência, garantindo que resolveríamos os detalhes juntos.

Imagine minha surpresa, então, ao descansar um pouco e abrir o e-mail para encontrar uma mensagem do mesmo representante me acusando de violar o contrato ao falar com a participante. Eu deveria ignorá-la completamente e mandá-la embora?

Claro que isso foi apenas uma desculpa para descontar 30% do meu pagamento. A agência alegou ter perdido duas ou três participantes devido à mudança de datas, o que afetou seus lucros, já que a taxa era por participante. Lembre-se, foi decisão deles mudar a data, não minha. Essa foi a forma que encontraram de recuperar parte do dinheiro – tirando de mim. Sabiam muito bem que fazer valer o contrato ou buscar ação legal seria impraticável devido aos custos envolvidos. Então, aproveitaram a situação. Mais uma lição aprendida, desta vez no mundo dos negócios: nunca entregue o serviço completo antes de receber o pagamento integral, a menos que esteja disposto a correr o risco de perder parte da compensação. Sei que isso pode ser desafiador às vezes. Em qualquer caso, procure garantir o máximo possível adiantado ou em parcelas conforme você cumprir o acordo, dependendo do escopo do projeto.

Embora esse episódio tenha lançado uma sombra sobre minha estadia em Doha, as recompensas gerais superaram a perda. Por exemplo, uma participante que estava tímida demais para se apresentar no primeiro dia nos surpreendeu ao voluntariar-se confiantemente para uma tarefa na frente do grupo no terceiro dia. Isso encheu meu coração de alegria!

Após vários dias de treinamento intenso, refeições e momentos de conexão com aquele grupo notável de mulheres, uma delas enviou um presente generoso de iguarias locais ao meu quarto como um sincero "obrigada." Com o *workshop* concluído, eu estava animada para passar um dia extra explorando Doha e seus arredores.

Na noite seguinte à última sessão de treinamento, peguei um táxi até o famoso Souq Waqif e passei pelo bazar colorido. No dia seguinte, visitei o Museu de Arte Islâmica e caminhei ao longo do pitoresco porto. Apesar de geralmente gostar do calor, meu corpo ainda em recuperação sentia o peso do calor opressivo. Enquanto caminhava fora do museu, tropecei e machuquei o joelho. Embora tenha doído e me deixado mancando, ignorei. No entanto, foi um lembrete claro de como a boa saúde é preciosa.

Indomável, continuei explorando a Corniche (a orla do porto) e aventurei-me até as áreas mais remotas da Pearl e da Vila Cultural

Katara. Conseguir um táxi de volta foi desafiador, mas um homem gentil em um estacionamento concordou em me levar por alguns riyals catarianos. Fiquei profundamente grata, pois estava exausta (e com pouca água).

Normalmente, eu teria estendido minha estadia para visitar as dunas do deserto, mas, dado meu estado de saúde, optei por retornar a Nova York no dia seguinte. O voo de volta foi mais difícil do que o esperado. Uma escala longa em Londres transformou-se em uma corrida contra o tempo quando nosso voo aterrissou no Aeroporto de Heathrow cerca de 90 minutos atrasado. Ficamos circulando sem parar antes de finalmente pousar, e o ônibus para meu terminal de conexão levou mais 30 minutos para chegar. Encontrei-me correndo por um corredor aparentemente interminável, passando por inúmeros portões, com o coração disparado e sentindo-me fraca. Apesar do meu estado delicado, estava determinada a pegar a conexão, esperando que meu coração não falhasse. Cheguei ao portão apenas dois minutos antes de fechar, um testemunho da minha determinação teimosa, mas completamente exausta.

Sabedoria em liderança – principais aprendizados

Garantindo pagamento antecipado: uma estratégia essencial para transações internacionais

Após minha experiência com os agentes indianos, decidi solicitar pagamento adiantado ao ser abordada por uma agência sediada em Londres. Quando eles recusaram, optei por não trabalhar com eles. O pagamento não era significativo o suficiente, e, embora a oportunidade de ensino em si parecesse interessante, nada justificava os riscos sem pré-pagamento. Não estava disposta a passar por outra situação potencialmente problemática.

Ao lidar com transações internacionais com partes desconhecidas, é prudente garantir o pagamento antecipado para mitigar riscos e proteger seus interesses, pelo menos assim que você chegar ao local de cumprimento. A incerteza inerente ao trabalho com indivíduos ou entidades de outros países pode expô-lo a diversos riscos financeiros, como atrasos ou falta de pagamento. Exigir pagamento antecipado assegura que seu trabalho ou produtos sejam devidamente compensados antes da entrega. Essa abordagem não apenas protege sua estabilidade financeira, mas também promove um senso de segurança na transação, ajudando a estabelecer uma relação comercial mais profissional e confiável. Em um contexto internacional, onde a comunicação e os recursos legais podem ser mais complexos (e, no caso deste último, caros), o pagamento antecipado serve como uma estratégia crucial de gestão de risco.

*

Enquanto meu voo de Doha para Nova York cruzava o céu noturno, minha mente já estava à frente, pensando em futuras aventuras. A África estava nos meus planos. Eu havia estabelecido conexões promissoras online, e a antecipação do que elas poderiam levar era intoxicante. As incertezas à frente prometiam emoção e, talvez, um toque de eventos inesperados – meus pensamentos fervilhavam com histórias potenciais ainda a serem vividas, e, ao adormecer no meu assento, essas novas aventuras já ganhavam vida nos meus sonhos.

Capítulo 22
Liderança e sabor local: Mergulhando no coração pulsante de Uganda

Lições de gentileza e aproveitando oportunidades para inspirar

2019 foi um turbilhão de viagens para mim. Em junho, o nigeriano Ken Giami me convidou para Atlanta, Geórgia, como painelista para a conferência de negócios USAfrica. Após o evento, concordamos que eu lideraria um Masterclass de Desenvolvimento de Liderança Feminina de dois dias na Cimeira UE-África em Estocolmo, Suécia, organizada pelo Centro de Desenvolvimento Econômico e de Liderança (CELD). O masterclass foi projetado para mulheres nigerianas e, no terceiro dia, também participei de um painel quando o evento foi expandido para incluir um público mais amplo, trazendo mulheres locais de descendência africana.

A experiência foi incrivelmente gratificante. Tivemos um tempo maravilhoso juntas e, claro, houve dança – o que seria uma aula de liderança feminina sem ela? Lembro-me com carinho de ser convidada a tirar fotos com todas as participantes, e adoro essas fotos!

Uma das mulheres, Finney, que ocupou vários cargos relacionados ao governo e voltados para as mulheres no estado de Gombe, mais tarde entrou em contato para me contratar como palestrante principal e treinadora para um evento em Abuja, na Nigéria, onde eu seria responsável pela maior parte do conteúdo. Justo quando assinamos o contrato no início de 2020, o mundo virou de cabeça para baixo com as restrições de viagem e os bloqueios, desorganizando nossos planos. Finney tentou realocar o evento para os Emirados Árabes Unidos, mas desafios semelhantes impediram que ele acontecesse.

Eu também estava profundamente envolvida em discussões com Bashirat, outra palestrante do evento e Executiva do Grupo na FBN Lagos, sobre uma colaboração emocionante em treinamentos, mas, infelizmente, os acontecimentos de 2020 interromperam esses planos também. Esses dois projetos certamente teriam sido alguns dos meus favoritos...

Em agosto de 2019, decidi abrir mão do meu apartamento, pois tinha um extenso itinerário pela frente – cinco meses na estrada e no ar. Primeiro, eu iria para Phoenix, AZ, para apresentar em uma conferência da SHRM. De lá, planejei passar um mês em Joanesburgo, onde estava programada para palestrar em uma conferência, além de um evento menor para empreendedores. Após uma rápida parada em Nova York para reorganizar minhas malas, segui para Maryland para dar várias sessões em um evento de uma empresa em Cambridge. Depois disso, havia marcado uma visita à minha família na Alemanha. Em seguida, estava programada para palestrar em uma conferência em Nova York, e depois viajar para Uganda e Ruanda por dois meses.

Foi uma decisão difícil abrir mão do meu apartamento. Eu amava a localização, no canto noroeste do Central Park, diretamente em frente à entrada do parque e bem ao lado da estação de metrô, que ficava literalmente do outro lado da porta do nosso prédio... e o meu senhorio, Franc, que tinha sido extremamente colaborativo, ajudando-me a alugar o lugar e economizar no aluguel às vezes, enquanto eu estava fora por várias semanas. Eu mantinha meus contratos de aluguel flexíveis de propósito, morando em apartamentos mobiliados depois de me mudar do Brasil, deixando todos os meus móveis e muitas outras coisas para trás. Queria a liberdade de me mudar facilmente. Com cinco meses de viagens pela frente e os altos preços de aluguel de Nova York, fazia sentido deixar esse apartamento, colocar minhas coisas em um pequeno depósito e encontrar um novo lugar quando retornasse.

Olhando para trás, minha intuição estava me protegendo, prevendo o que viria no início de 2020. Mas isso é adiantar demais...

No início de dezembro, embarquei para Kampala. Eu já havia me conectado com Abdul Nassar Mukasa, do Institute of Advanced Leadership Uganda, localizado no bairro Nsambya, em Kampala, e havíamos concordado em explorar a possibilidade de uma colaboração de longo prazo, começando com um projeto menor no local. Nassar e sua colega Grace, que graciosamente (trocadilho intencional) abriu sua casa para mim durante minha estadia, me pegaram no aeroporto. Na casa de Grace, na Zona Diplomática Makindye, fui calorosamente recebida pelas filhas dela, e por duas netas. Havia também um cão de guarda feroz que mantinha a propriedade segura e que era tão intimidador que eu nunca o vi.

Ao contrário das minhas outras viagens, fui conduzida pelos locais na maior parte do tempo. Todas as manhãs, tomávamos café na casa de Grace, que tinha um leve sabor de gengibre que demorou um momento para eu apreciar. No segundo dia, me peguei adorando a combinação, junto com os chapatis caseiros e uma variedade de frutas frescas. O clima de Uganda é perfeito para o cultivo de uma abundância de frutas, e o matoke (um tipo de banana verde ou plátano) é um alimento básico encontrado quase em todos os lugares. A tradição ugandense de cozinhar uma grande refeição pelo menos uma vez por dia significava que a casa de Grace tinha uma cozinheira, já que ela estava frequentemente ocupada no escritório. Normalmente, pedíamos o almoço no escritório, com porções sempre maiores do que eu poderia lidar, e jantávamos em casa.

A casa em si era espaçosa, com dois andares, mas tinha uma característica incomum: não havia portas internas, apenas cortinas, exceto por uma porta para um grande escritório. Isso levou algum tempo para me acostumar, mas como uma viajante experiente, a adaptabilidade é fundamental. Como a água quente para os banhos precisava ser fervida na cozinha, as mulheres traziam um balde para o banheiro no segundo andar para mim todas as manhãs, insistindo em fazer isso apesar das minhas objeções. A generosidade e hospitalidade delas eram imensuráveis, e isso me fez sentir verdadeiramente cuidada.

Em gratidão pela hospitalidade de Grace, ofereci a ela alguns tratamentos holísticos, que ela apreciou muito, especialmente porque estava lidando com um problema de saúde na época. Era a minha maneira de retribuir a essa anfitriã tão amável e generosa, além de contribuir com mantimentos, é claro.

Sylivia, outra colega com quem compartilhávamos o escritório, também era uma pessoa cuja generosidade não conhecia limites. Um dia, Sylivia me pegou para almoçar em uma casa comunitária perto de sua casa. A refeição foi preparada por um grupo de várias mulheres da Salaama Perfect Women's Community, no Distrito de Makindye, incluindo ela e sua filha. Foi uma experiência maravilhosa, compartilhar uma refeição preparada com carinho e desfrutar da companhia calorosa dessas mulheres incríveis. Nunca vou esquecer aquele delicioso peixe!

O Institute of Advanced Leadership, sob a orientação de Nassar, organizou um evento de treinamento de um dia completo para os líderes da Uganda Scouts Association em seus escritórios, onde tive a oportunidade de liderar uma sessão. Apesar do aviso prévio curto, o dia se mostrou produtivo e envolvente, culminando em um almoço delicioso com os participantes.

Também tive a honra de participar de um evento especial no Instituto, que misturava uma reunião, celebração e uma sessão de perguntas e respostas com os alunos. Um dos momentos mais marcantes para mim foi responder às perguntas deles e trocar perspectivas, o que foi incrivelmente gratificante.

Além disso, graças à excepcional coordenação de Sylivia, tive o privilégio de visitar o Bulange em Kampala – o coração da Administração e do Parlamento do Reino de Buganda. Lá, encontrei representantes da Nabagereka Development Foundation (a Fundação da Rainha Mãe do Reino de Buganda) e sua equipe, além de outras figuras proeminentes de Uganda, todos muito entusiasmados em tirar fotos conosco, dando um toque pessoal à visita.

Um dia, Sylivia chegou na casa de Grace com seus dois filhos, Susan e Ricky. Juntos, partimos para Nampunge, situada fora de Kampala, ao noroeste de Kampala, onde iríamos visitar uma comunidade rural de cafeicultores: Gala Nampunge Multi-purpose Co-operative Society. Essa comunidade é conhecida por seus excepcionais produtos de café, bem como por seu trabalho artesanal, produzindo uma ampla variedade de itens, de cestas a café e tapetes. No caminho, pegamos mudas de árvores frutíferas, que plantamos em diante de uma casa recém-construída da comunidade. Desde então, ouvi que essas árvores floresceram, produzindo uma abundante colheita de mangas e outras frutas.

Ao chegar ao centro comunitário, fomos calorosamente recebidos por Jesica, da equipe de gestão, e um grande grupo de locais. Eles não só me apresentaram o local e explicaram tudo em detalhes; também me deram mais presentes do que eu poderia levar de volta para os EUA, então deixei os maiores com meus anfitriões. Antes de partir, tiramos uma foto em grupo com todos, capturando o espírito caloroso do dia.

No caminho de volta, paramos em uma barraca na estrada para espetinhos de frango, onde os vendedores andavam para lá e para cá vendendo comida de rua. Em uma reviravolta engraçada, recebi uma proposta de casamento pela janela do carro do homem que nos vendia os espetinhos – deve ter sido amor à primeira vista, haha.

Em um momento, tive a oportunidade de ser entrevistada pela Rest TV Uganda, onde transmitiram um episódio sobre o Instituto. Também nos encontramos com vários outros líderes e visitamos um hotel para um possível evento de parceria futura. Através dessas interações e outras conexões que fiz, estabeleci vários relacionamentos valiosos, incluindo um com Sandie, a CEO de um negócio de produtos de abelha.

Durante todo o tempo que passamos juntas, a equipe do Institute of Advanced Leadership e eu estávamos diligentemente elaborando um Memorando de Entendimento (MOU) para formalizar uma colaboração de longo prazo que teria começado em 2020. Nós idealizamos uma parceria promissora, mas o destino tinha outros planos. Mal sabíamos que nossos objetivos ambiciosos logo seriam frustrados, pelo menos para o futuro imediato, com a imposição de restrições de viagem.

E, naturalmente, nenhuma visita estaria completa sem dança! Sabendo da minha paixão por dança, Nassar e seus amigos me levaram para uma apresentação de dança Bwola ao ar livre em uma noite. Também fui convidada para outro encontro social com uma banda local e dançarino em outra noite. Fiel ao estilo, o dançarino me puxou para o centro do círculo, onde tive a chance de participar da dança por um minuto ou dois, e acho que não fui tão mal, considerando que foi minha primeira vez... Na África, você poderia literalmente aprender uma nova dança todos os dias do ano!

No dia da minha partida, fui calorosamente convidada para almoçar na casa de Nassar, na Paróquia de Kabalagala, zona do Village Muzaana. Sua esposa preparou uma refeição deliciosa, e seus filhos me apresentaram presentes lindamente embrulhados, usando jornal como um toque criativo. Depois da refeição, Nassar me deu um tour pelo seu bairro antes que ele e seu amigo Hassan, outra alma generosa e experiente operador de turismo para Uganda e Quênia, me levassem para o aeroporto.

À medida que nos deslocávamos lentamente pelas ruas movimentadas e estreitas, o carro estava repleto dos sons da música dos rádios das pessoas e dos ricos aromas de diversas comidas de rua que entravam pelas janelas.

Mais uma vez, deixei o local com presentes na minha bolsa, incluindo um vestido especialmente feito para mim, mas a lembrança mais preciosa foi o tesouro de belas memórias – da calorosa hospitalidade, do plantio de árvores, do prazer de saborear peixes deliciosos e da formação de amizades duradouras.

Sabedoria em liderança – principais aprendizados

A gentileza vai longe

Durante minha estadia em Kampala, vivi uma profunda lição sobre o poder da generosidade e da conexão. A cada dia, estava rodeada por pessoas cujos atos de bondade não eram apenas gestos, mas poderosas fontes de inspiração que moldaram minha jornada. Desde a ajuda atenciosa de Nassar, à calorosa hospitalidade de Grace e Sylvia, até minhas interações com estudantes, líderes do escotismo, cooperativas, empreendedores e todos os outros que tive a oportunidade de conhecer, cada encontro foi um lembrete do impacto incrível que alguém pode ter na vida dos outros através de simples atos de apoio e incentivo.

Aproveite cada oportunidade para inspirar a grandeza nos outros

A cada momento, existe uma oportunidade de inspirar. Seja por meio de um pequeno ato de bondade, um gesto de apoio ou compartilhando um pouco da sua expertise, você tem o poder de fazer a diferença. Aproveite essas chances de braços abertos. Suas ações, não importa o quão insignificantes possam parecer, podem criar ondas de positividade e mudança.

Lembre-se, inspirar os outros frequentemente começa com o reconhecimento e a captura dos momentos que surgem no seu caminho. Nada é aleatório. Então, agarre cada oportunidade para inspirar, e observe o mundo se transformar ao seu redor.

Como líder, você tem inúmeras oportunidades de praticar a bondade de maneiras que podem impactar profundamente sua equipe. Aqui estão três maneiras específicas de começar:

- Mostre apreciação genuína: Faça disso um hábito, reconhecendo os esforços de seus membros da equipe, seja com um simples "obrigado", uma nota manuscrita ou reconhecimento público durante reuniões. Esse pequeno gesto pode fortalecer significativamente o moral e fomentar um senso de pertencimento.
- Ofereça seu tempo e apoio: Quando um membro da equipe estiver enfrentando dificuldades, dedique tempo para ouvir e oferecer ajuda. Um gesto de apoio pode fazer uma grande diferença.
- Mostre que se importa com o crescimento e o desenvolvimento da sua equipe: Seja não apenas um líder, mas também um mentor para eles. Se você está muito ocupado ou sente que essa não é sua maior habilidade, considere contratar um coach para te apoiar. Isso pode envolver ajudá-lo a desenvolver e integrar o

coaching ao seu estilo de liderança ou trabalhar diretamente com sua equipe. Em troca, sua equipe provavelmente demonstrará maior lealdade e dedicação.

Lembre-se, inspirar os outros frequentemente começa com o reconhecimento e a captura dos momentos que surgem no seu caminho. Nada é aleatório. Então, agarre cada oportunidade para inspirar com bondade, e observe o mundo se transformar ao seu redor.

*

No breve voo de Kampala para Kigali, me vi refletindo sobre a generosidade notável dos meus anfitriões e da equipe do Instituto. Nassar chegou até a se esforçar para me levar a um shopping para comprar um modem de internet confiável. Eu precisava dele para gravar um programa de TV online, pois a conexão local estava muito instável. Graças a esse dispositivo, a transmissão ocorreu sem problemas. Nassar também garantiu que o escritório permanecesse aberto para que eu participasse do programa à noite, e o suporte de TI estava disponível.

Grace abriu sua casa para mim, e a impecável coordenação de Sylvia e o serviço de motorista de ambas nos levou a inúmeros destinos. A viagem de Hassan até o aeroporto foi mais um gesto de bondade. A hospitalidade deles foi verdadeiramente ilimitada.

Capítulo 23
Kigali sem roteiros: oficinas e encontros inesperados

Lições de projetos de paixão e conexões significativas durante viagens

Kigali – que contraste marcante com Kampala! Apesar da proximidade geográfica, as duas cidades são mundos à parte em muitos aspectos. Isso é o que torna viajar tão emocionante: descobrir nossas diferenças, de um lado, e as semelhanças que nos unem, do outro.

Uma das características mais impressionantes da Kigali montanhosa são suas ruas impecavelmente limpas. A limpeza é levada a sério aqui; sacolas plásticas são proibidas e comer nas ruas é considerado inadequado.

Minhas primeiras noites foram no Select Hotel, um charmoso hotel boutique de propriedade de Thérèse, que conheci por meio da minha amiga Bisila, de Nova York. Thérèse me recebeu calorosamente, e desfrutamos jantares deliciosos (ótimo chef!) no terraço do jardim de seu hotel. Em uma das noites, fomos acompanhados por Boita, irmão de Bisila, que estava em Ruanda para um projeto de negócios. Boita e eu rapidamente nos tornamos bons amigos e tivemos muitas conversas interessantes sobre nossos negócios e sobre a vida na Espanha, Bali e Guiné Equatorial.

Fiquei encantada quando Thérèse me apresentou a um Gusaba tradicional – uma cerimônia de casamento ruandesa onde a família do noivo formalmente solicita a noiva. Apesar de não entender kinyarwanda, fiquei fascinada pelo "combate" expressivo de inteligência e brincadeiras — situação que me lembrou uma performance teatral a que assisti uma vez em Bangcoc, onde a história era transmitida por expressões, e não por palavras. A cerimônia Gusaba aconteceu em um dia quente, sob uma grande tenda branca, com dançarinos apresentando as tradicionais danças *intore* e *amaraba*, ao som de tambores ao vivo. Foi meu primeiro encontro com a dança ruandesa, e fiquei hipnotizada pela elegância e graça de homens e mulheres. Não podia acreditar que essa bela tradição havia me escapado por tanto tempo.

No fim de semana, Thérèse me levou a uma mansão em uma área rural, onde desfrutamos de uma farta refeição ruandesa com um grande grupo de amigos. Outro dia, ela me convidou para a casa de sua família na cidade, que tinha uma enorme varanda oval, e tivemos um adorável jantar buffet lá com um grupo de amigos. Hospedar-me no hotel dela realmente parecia estar em família.

O principal motivo da minha viagem a Kigali foi conduzir um treinamento para um projeto liderado por Grace, uma empreendedora social determinada que conheci em um congresso em Gana. Grace me convidou para ministrar um workshop de cinco dias para sua equipe de dez pessoas no campus da Universidade de Kigali, onde tinham um escritório. O campus é enorme, e no meu primeiro dia, tive dificuldade em encontrar Grace porque não instruí o motorista do táxi a me deixar na entrada correta. Quando finalmente nos encontramos, nos cumprimentamos com um caloroso abraço, radiantes por nos reconectar.

Grace me apresentou à sua equipe entusiasmada. Usando meu framework *Powerful Leadership Transformation (PLT)*™ como guia, conduzi uma semana de treinamento intensivo, compartilhando ideias e estratégias para o sucesso tanto na vida pessoal quanto profissional. Complementamos o framework com um dia de ensino sobre comunicação e oratória.

Juntos, criamos uma nova visão de equipe, um esforço colaborativo que tomou uma tarde inteira. Queríamos garantir que todas as contribuições fossem valorizadas e que toda a equipe estivesse comprometida com essa visão compartilhada. Também lembro vividamente o interesse deles pelo tema "mentalidade de autoempoderamento." O trabalho que fizemos foi tão impactante que conseguiram uma quantidade significativa de financiamento para o projeto, ou pelo menos aceleraram sua aprovação. Recebemos a emocionante notícia durante uma ligação telefônica enquanto estávamos em um estúdio fotográfico, aguardando uma foto de grupo que haviam organizado.

O campus universitário contava com uma cantina, onde desfrutávamos dos nossos almoços juntos. Todos os dias, nos servíamos generosamente no buffet, repondo as energias gastas durante as sessões intensivas. O horário do almoço era uma oportunidade para relaxar e compartilhar histórias pessoais, fortalecendo ainda mais nossos laços.

No final de cada dia, trocávamos alguns passos de dança para aliviar a intensidade do dia e integrar nossos aprendizados. Essa tradição descontraída levou a uma noite memorável de dança Afrobeat em um pequeno museu com uma pista de dança ao ar livre e DJ. Foi uma experiência linda de conexão e camaradagem. Mostramos nossos melhores movimentos e nos divertimos muito, cultivando um belo senso de conexão e camaradagem. Depois da noite de dança, peguei um mototáxi de volta para casa, sentindo-me grata pelas ricas experiências e novas amizades.

Exceto pelas minhas viagens matinais ao campus e deslocamentos com bagagem, para as quais eu preferia pegar um táxi convencional, geralmente optava por mototáxis. Os motoristas sempre carregavam um capacete extra para os passageiros. Essas corridas normalmente custavam cerca de um dólar ou menos. Embora os motoqueiros não falassem inglês nem francês, conseguia negociar tarifas e explicar meus destinos usando gestos e pontos de referência. Ter amigos locais por perto facilitava a comunicação, mas eu sempre encontrava uma forma de me virar sozinha quando necessário, como na maioria das vezes, ao ir para reuniões ou sair à noite. Depois de perguntar por aí, encontrei alguns lugares para dançar kizomba, semba, salsa e até kompa.

Em troca do treinamento, recebi uma estadia de dez noites em um pequeno apartamento do Airbnb no bairro de Kicukiro, propriedade de Mariam e Santiago. Ao mudar do hotel para o Airbnb em um dia extremamente quente, Grace, Bexy e eu chegamos ao portão apenas para descobrir que os proprietários não estavam em casa. Esperamos por cerca de uma hora, sentadas na minha mala do lado de fora da propriedade, até que finalmente chegaram. Depois de me instalar, tudo correu bem. Havia uma mercearia a dez minutos a pé, e encontrei tudo o que precisava em uma distância razoável para caminhar.

Outro encontro inesquecível – na verdade, vários – foi com Raoul Rugamba, um dinâmico empreendedor local. Raoul mais tarde me convidou para voltar no final de março de 2020 e falar em um grande evento que ele estava organizando no Kigali Convention Center – um dos muitos compromissos na minha agenda cancelados naquele ano por... bem, você sabe por quê. No entanto, continuamos em contato por meio de trocas virtuais ocasionais.

Um dia, Raoul generosamente assumiu o papel de meu guia, me levando de carro por Kigali e mostrando a vibrante cultura da cidade. Almoçamos em um dos restaurantes favoritos dele e, mais tarde, tomamos drinques em um ponto badalado ao ar livre, onde conhecemos um dos amigos empreendedores dele. A energia e a inovação que presenciei nesses dois homens foram inspiradoras.

Raoul também é uma das minhas conexões com a escritora e palestrante motivacional Immaculée Ilibagiza (talvez você já tenha ouvido falar dela). Ela me convidou para jantar em sua casa, onde compartilhou sua incrível história durante uma deliciosa refeição ruandesa com amigos e familiares. Foi uma noite de conversas profundas e conexões significativas.

Por meio da intervenção de Raoul, também tive encontros notáveis com Agnès, Diretora Executiva da Câmara de Mulheres Empreendedoras de Ruanda, e Mireille, do Kora Coaching Group. Além disso, jovens empreendedores pareciam vir até mim de todos os lados. Cada apresentação acrescentou profundidade às minhas experiências e aprendizados durante meu tempo em Kigali.

À medida que o dia 31 de dezembro se aproximava, eu planejava assistir ao show de Ano-Novo do cantor congolês Fally Ipupa, mas ele foi cancelado, provavelmente por motivos políticos. Em vez disso,

Mariam e Santiago me convidaram para jantar com um grupo de amigos, seguido de fogos de artifício perto do Centro de Convenções. Tivemos uma noite maravilhosa, e conheci Nastassja, da África do Sul, que se tornou uma amiga e ocasional companheira de jantares no meu próximo Airbnb; precisei mudar porque este lugar não estava disponível durante todo o meu período de um mês.

Assim, depois dos dez dias, me mudei para um Airbnb espaçoso na área de Rukiri 1, administrado por Ishimwe, um verdadeiro superhost. O local ficava perto de uma estrada movimentada, facilitando pegar um mototáxi. Um dia, no entanto, dois motoqueiros pararam e começaram a brigar para decidir quem me levaria. Incapazes de chegar a um acordo, decidi voltar para dentro e deixá-los resolver a disputa. Meu vizinho do andar de baixo, Pierre, um ruandês que mora na Coreia do Sul, me viu retornar e se ofereceu para ajudar. Agradecida pela ajuda, aceitei, já que os motoqueiros ainda estavam discutindo e eu precisava chegar à minha reunião. Eventualmente, consegui partir com um dos motoqueiros, torcendo para que o outro não nos seguisse nem começasse outra briga – o que, felizmente, não aconteceu.

Quando voltei cedo naquela noite, a casa do meu vizinho já estava em festa. Ele estava prestes a retornar à Coreia do Sul, e seus amigos haviam se reunido para uma festa de despedida. Ao entrar pelo portão no nosso quintal, fui recebida com risadas calorosas e imediatamente me ofereceram uma cerveja. Achei que ficaria apenas para um drinque, mas, ao entrar na ampla sala de estar, vi cerca de dez jovens, um deles mexendo uma enorme panela de sopa. Com música tocando, os rapazes me chamando para dançar (você sabe que é a minha praia) e o clima tão animado, ir embora depois de uma bebida não parecia uma opção.

À medida que a noite avançava, mais pessoas chegaram – namoradas, irmãs e amigos – transformando a reunião em uma festa completa. Acabei ficando muito mais tempo do que planejava, envolvida na diversão. Mas, com um passeio ao Parque Nacional de Akagera agendado para a manhã seguinte e o carro me buscando pontualmente às 5h, sabia que não podia ficar até muito tarde. Apesar da diversão e das boas conversas, finalmente me despedi, embora a música tenha me mantido acordada por mais uma ou duas horas.

Na manhã seguinte, partimos antes do amanhecer. A viagem até o parque foi uma experiência por si só. Assim que saímos dos arredores da cidade, a paisagem mudou: pessoas carregando quantidades impressionantes de produtos na cabeça ou nos ombros, empurrando carrinhos e bicicletas com enormes cestos cheios de mercadorias, de vegetais a grandes recipientes de líquidos. Era um desfile colorido e aparentemente interminável em ambos os lados da estrada, sob a luz tênue do amanhecer. Esses eram agricultores e trabalhadores levando seus produtos das áreas rurais para os mercados. Não pude deixar de admirar sua extraordinária resiliência, mesmo que, para eles, fosse apenas uma parte rotineira do dia – sem veículos motorizados, e com bicicletas que serviam mais como carrinhos do que como algo para pedalar. Nunca vou esquecer essas imagens das caravanas ao longo da estrada.

No caminho para o parque, paramos em uma vila para comprar água e lanches. Ao chegar, encontramos nosso guia e trocamos o carro do motorista por um jipe. O dia estava nublado, com uma leve garoa, e as trilhas do parque estavam lamacentas, com alguns trechos com lama até o joelho que pareciam quase impossíveis de atravessar. Mas, graças ao nosso motorista habilidoso e à tração nas quatro rodas do jipe, conseguimos avançar.

Enquanto explorávamos mais o parque, encontramos grandes famílias de babuínos brincalhões e uma variedade de outros animais selvagens, incluindo enormes hipopótamos, elegantes girafas e... finalmente... um elefante! Eu havia dito aos meus dois companheiros que encontrar um elefante estava no topo da minha lista – sempre tive uma predileção especial por eles. Continuamos dirigindo, atravessando áreas florestais, e então, de repente, um elefante apareceu no caminho à nossa frente. Estava a cerca de 50-60 metros de distância (perdoe-me, não sou boa em estimar distâncias), mas, embora elefantes não sejam tão rápidos quanto hipopótamos, podem avançar rapidamente – e são enormes!

O elefante começou a se mover em direção ao nosso carro, e o guia, que conhecia bem os elefantes, imediatamente nos disse que aquele não estava feliz, mesmo antes de ele começar a avançar. O motorista reagiu rapidamente, engatando a ré. Mas, com as estradas lamacentas, nosso progresso foi lento, mesmo com sua habilidade. O elefante continuava se aproximando até que avistou um caminho estreito à sua direita que levava à floresta. Felizmente e inesperadamente, escolheu desaparecer na mata, optando por "fuga" em vez de "luta" – um enorme alívio!

Imagine se houvesse outro veículo atrás de nós... não conseguiríamos dar ré rapidamente! Após alguns minutos para recuperar o fôlego e superar o susto, continuamos nosso caminho. Foi então que descobrimos a causa do estresse do elefante: um carro havia se aproximado demais dele na direção oposta. Sentindo-se encurralado entre dois veículos, ele, compreensivelmente, entrou em pânico.

O restante do safári foi menos aventureiro, mas igualmente emocionante. No caminho de volta à cidade, o guia veio conosco até chegarmos à vila dele, dando a ele e ao motorista a chance de conversar enquanto eu relaxava no banco de trás. Foi a maneira perfeita de encerrar minha visita a Ruanda.

E assim, eventualmente, com o coração cheio de doces memórias e novos planos promissores, parti. Infelizmente, esses planos logo evaporaram – afinal, era 2020!

Sabedoria em liderança – principais aprendizados

Projetos de paixão: o verdadeiro valor além do dinheiro

No fim das contas, projetos de paixão frequentemente oferecem recompensas que vão além da compensação financeira. Durante meu *workshop* de cinco dias em Kigali, uma parte da minha hospedagem foi coberta em troca da minha expertise, em vez de um pagamento tradicional. Essa experiência me proporcionou uma oportunidade única de imersão em uma cultura diferente, além de me permitir criar conexões valiosas e impactar vidas de forma significativa. O verdadeiro retorno veio da vivência, dos relacionamentos construídos e da satisfação de contribuir para algo relevante. Projetos de paixão, embora nem sempre encham os bolsos, podem enriquecer a vida de maneiras inesperadas e profundamente gratificantes.

Qual é o projeto de paixão que você tem sonhado, mas continua adiando? Imagine dar o primeiro passo para torná-lo realidade. E se você começasse hoje?

Prolongue sua viagem: descubra mais com uma estadia maior

Quando possível, prolongue suas viagens de curta duração para uma experiência mais profunda. Uma estadia mais longa permite uma imersão completa na cultura local, a construção de conexões mais fortes e uma compreensão mais abrangente do destino. Por exemplo, estender minha visita a Kigali além da semana da oficina me possibilitou me envolver de forma mais significativa com a comunidade e vivenciar a cidade de uma maneira que uma visita breve não permitiria. Ao dedicar mais tempo, uma viagem passageira se transforma em uma exposição mais rica e profunda à vida local.

A maioria de nós vive com pressa, o que frequentemente nos leva a viver na superficialidade, não apenas durante as viagens, mas também em nossas interações diárias. Essa tendência pode afetar nossas conversas, relacionamentos e até mesmo nossa abordagem à liderança. Quando estamos pressionados pelo tempo, é fácil nos contentarmos com trocas superficiais e perdermos as conexões mais profundas e significativas que estão logo abaixo da superfície.

Imagine as possibilidades se você dedicasse tempo para ter conversas mais profundas com sua equipe. Quais *insights*, ideias ou fortalezas ocultas poderiam surgir se você promovesse um diálogo mais significativo? Ao se esforçar para entender e se conectar em um nível mais profundo, você pode descobrir perspectivas valiosas e construir relacionamentos mais sólidos e coesos, que impulsionam o crescimento pessoal e profissional.

*

Ao embarcar no avião de volta para casa, com o coração cheio de memórias e a mente fervilhando de possibilidades, eu sabia que essa jornada havia me transformado de maneiras que eu jamais poderia imaginar. Pois, ao abraçar o desconhecido e sair da minha zona de conforto, descobri um novo senso de propósito e uma renovada apreciação pela beleza e rica diversidade do mundo em que vivemos.

Capítulo 24
Quatro anos como quase-nômade
Lições de liberdade, segurança e poder

No final de janeiro, de volta a Nova York, eu já estava planejando meu retorno a Kigali para o final de março, com mais viagens na sequência. Decidi organizar uma moradia temporária por enquanto, com a intenção de encontrar algo mais permanente mais tarde no ano. No entanto, as coisas tomaram um rumo inesperado, e todos os meus planos de viagem mudaram.

De março de 2020 até abril de 2024, esse acabou sendo meu percurso (vou tentar acertar a sequência): Playa del Carmen, Long Island, Jersey City, Weehawken, Nova York, Munique, Miami Beach, Colorado, El Paso, Merritt Island, Miami, Tulum, Miami Beach, Phoenix, Chicago, Munique, Paris, Munique, Cidade de Zanzibar, Miami Beach, Lyon, Munique, Lyon, Miami, Lyon, Nova York, até finalmente dividir meu tempo entre Miami, Nova York e Lyon.

Por quê, você pergunta? – Que bom que perguntou. Deixe-me explicar:

No início de março de 2020, comemorei meu aniversário com minha amiga Peju, aproveitando ao máximo um dia frio e chuvoso – não exatamente o clima que eu esperava. Mas não deixamos isso abalar nosso ânimo! Com ingressos gratuitos para o *Art on Paper*, uma feira anual de artes, começamos o dia cercadas por criatividade, tirando fotos das peças mais originais. Depois, fomos ao Vapiano, um dos meus lugares favoritos para comida italiana saudável e rápida em um ambiente acolhedor e comunitário – um dos muitos lugares que, infelizmente, desapareceram logo depois. Voltando ao meu aniversário: saboreamos uma incrível sopa de tomate coberta com folhas de manjericão fresco, acompanhada por uma taça (ou duas) de vinho branco italiano, antes de seguirmos para o LunÀtico, um bar aconchegante no Brooklyn onde o lendário Nkumu Katalay estava se apresentando com sua banda naquela noite. Foi um presente incrível! Ter esse show no meu aniversário parecia um alinhamento divino e foi o encerramento perfeito para um dia chuvoso.

No dia seguinte, o sol finalmente apareceu, e meu amigo favorito e dançarino de kompa, Chris, veio de Long Island para almoçarmos no Lido, no Harlem. Mal sabia eu que seria a última vez que o veria por três anos e meio! Na segunda-feira seguinte, eu deveria falar no Lloyds, mas – como esperado – o evento foi cancelado, marcando o início de uma sequência de cancelamentos: apresentações em Kigali, Nairóbi, Kampala, Joanesburgo, Londres, Abuja, Kansas City, Honolulu... adeus!

No dia 10 de março, fui ao Katra, na Bowery Street, um dos meus lugares favoritos para kompa e kizomba na época. Ao descer as escadas para a festa de kizomba, me deparei com um porão quase vazio e apenas dez pessoas espalhadas. A energia não melhorou, então, após uma hora, decidi ir embora. Mais tarde naquela semana, participei de um evento de *networking* em um WeWork no centro de Manhattan, que normalmente atrairia uma grande multidão. Desta vez, porém, apenas cerca de dez pessoas apareceram.

Com o lockdown pairando sobre Nova York como uma coberta cinza invisível, mas palpável, decidi escapar do pesadelo ao meu redor. Todas as minhas aulas e eventos de dança desapareceram de um momento para o outro, com estúdios e bares seguindo as ordens.

Era deprimente demais ver o que estava acontecendo ao meu redor e como populações inteiras eram controladas com medo e proibições ilógicas sem questionar. Apesar de não compreender totalmente o que estava acontecendo – mesmo sendo relativamente bem-informada e atenta, também graças à minha amiga Susan (chame de "desperta" se preferir, embora o ano seguinte tenha dado uma nova dimensão a isso) – devo admitir que fui pega de surpresa. O que estava claro, no entanto, era que algo estava muito errado, e eu precisava descobrir o que era.

Certamente não queria ficar presa em uma grande cidade que supostamente nunca dorme, mas agora tinha todas as luzes apagadas – assustador demais! Sentia-me como uma viajante solitária em uma metrópole de 19 milhões de pessoas, uma alma solitária procurando sentido nessa situação. A "cidade que nunca dorme" havia se transformado em uma cidade fantasma, desprovida de vida, ecoando cenas de um filme de terror que assisti na adolescência. Era demais! Como amante da liberdade, pensei: "Estou fora daqui!"

Na época, eu morava em um charmoso apartamento mobiliado de um quarto na 145th Street, no Harlem, um lugar que eu amava. Com uma semana ainda restando no meu aluguel de curto prazo, não quis arriscar o endurecimento das restrições de fronteira. Então, arrumei todas as minhas coisas, coloquei no meu depósito, peguei uma mala com roupas de verão e meu laptop, e parti para Playa del Carmen, no México, que me recebeu de braços abertos.

Em Playa, compartilhei um apartamento ao lado de um campo de golfe com uma anfitriã do Airbnb de uma visita anterior, Sandy. Foi uma situação vantajosa para ambas, já que o turismo estava em baixa. Já conhecia bem a área e as instalações, que incluíam uma piscina. Enquanto isso, Sandy havia adotado uma cachorrinha chamada Suerte (que significa "sorte"). Por causa de sua travessura ocasional e seu hábito de morder nossos dedos e fazer bagunça com a terra dos vasos de plantas, eu a apelidei carinhosamente de Mala Suerte ("má sorte").

Frequentemente passeávamos pelo campo de golfe com Suerte, onde eu via placas alertando sobre jacarés, conhecidos por atacarem filhotes. Um dia, sugeri que tentássemos uma rota diferente que havia descoberto em uma visita anterior. Sandy concordou, e seguimos por esse novo caminho. Ao contornarmos um grupo de palmeiras que bloqueava a vista de um dos lagos, senti um pressentimento estranho. Apenas cinco segundos depois, ao emergirmos de trás das palmeiras, lá estava ele: um jacaré fora da água, a apenas 20 metros de distância! Sandy rapidamente pegou Suerte (não queríamos que nenhuma má sorte nos atingisse) e seguimos nosso caminho. Felizmente, o jacaré logo voltou para a água, deixando apenas seus grandes olhos atentos à mostra.

Um dia, enquanto caminhava até a praia, que ficava a cerca de 30 minutos, notei que o acesso ao oceano estava proibido. Me aproximei de uma das guardas de segurança para perguntar por quê. Por que as pessoas não podiam nadar no mar? Ela disse que era porque muitos corpos estavam descendo dos EUA, trazidos pela correnteza, por causa da Covid, e isso apresentava risco de intoxicação. Ela falou isso com tanta seriedade que eu não sabia se estava sendo sincera ou brincando... embora só pudesse ser uma piada!

Além de longas caminhadas e passeios ocasionais de bicicleta, passei a maior parte do tempo no apartamento, focando em me adaptar à nova realidade, buscando oportunidades de palestras virtuais e *networking* online. A interrupção repentina dos eventos presenciais foi um grande golpe, especialmente depois de todo o esforço que coloquei em montar uma agenda cheia de palestras para 2020. Para compensar, explorei todas as opções possíveis online. Denise Rodaro, que frequentemente me convidava para apresentar em canais de TV argentinos (iredes.net, LTV, RegiónNet), ofereceu uma oportunidade valiosa para trabalhar em espanhol novamente. Lembro-me vividamente de suar muito durante uma apresentação, quando o ar-condicionado do apartamento que eu dividia quebrou em um dia particularmente úmido.

Cerca de um ano antes, eu havia iniciado uma Mesa Redonda com um grupo de dez líderes dos setores Financeiro e Jurídico. Esses encontros eram realizados presencialmente nas empresas deles, que generosamente nos ofereciam cafés da manhã ou almoços. Durante esse período, continuei moderando os eventos de forma virtual.

No início de maio, com notícias de possíveis novos fechamentos de fronteiras, me preocupei com a possibilidade de ficar presa no lugar errado (mais uma vez). Conversei com minha família sobre a ideia de passar alguns meses em casa, no campo, onde o *lockdown* parecia menos restritivo do que em qualquer grande cidade. Desde 2001, quando voltei brevemente a Munique antes de me mudar para San Francisco, não passava um período prolongado na Alemanha. Antes de viajar para casa — algo ainda possível como cidadã alemã, sem restrições relacionadas à saúde —, voei de volta a Nova York para pegar um novo conjunto de roupas. Com voos razoáveis de menos de 20 horas entre México e Munique ficando cada vez mais raros, optei por uma parada em Nova York para renovar meu guarda-roupa.

Ao chegar a Nova York, fui tomada por uma transformação chocante e inquietante. A cidade, antes vibrante e dinâmica, havia se deteriorado de forma ainda mais grave do que quando saí. Era um nível completamente novo de decadência. A área ao redor do Terminal Rodoviário Port Authority estava assustadoramente deserta, com apenas alguns moradores de rua e viciados em drogas espalhados pelas entradas. Uma vez, ao tentar pegar um ônibus para Weehawken, Nova Jersey, onde eu estava temporariamente hospedada, me deparei com uma fileira de policiais no local, à procura de um suspeito, o que aumentou ainda mais a sensação de desconforto. Parecia algo tirado diretamente de um thriller sombrio.

O terminal em si estava fantasmagoricamente silencioso, com partes completamente fechadas. Era um contraste gritante com a cena habitual da Port Authority, onde milhares de viajantes circulavam diariamente. Anteriormente, o terminal costumava atender cerca de 8.000 ônibus e 225.000 passageiros em um dia normal! Se antes navegar pela multidão durante uma correria de última hora era complicado, o vazio atual era desolador, um testemunho visível do impacto da manipulação em massa e suas consequências.

O centro da cidade, normalmente um redemoinho caótico de atividades, havia se transformado em uma cidade fantasma deserta. A Times Square, normalmente repleta de multidões de moradores e turistas que mal deixavam espaço para caminhar, agora era uma extensão vazia. A estação de metrô, com seus longos túneis vazios e apenas figuras ocasionais ao longe, estava quase irreconhecível.

A Broadway, antes cheia de luzes brilhantes, agora estava em uma escuridão sombria. As vitrines ao longo da glamorosa 5ª Avenida estavam barricadas e cobertas com tábuas. A Union Square, geralmente um centro movimentado de barracas, mercados de agricultores, jogadores de xadrez, monges e artistas de rua, havia se transformado em um trecho fantasmagórico com apenas alguns viajantes solitários vagando por ali.

Em uma nota mais positiva, os encontros ao ar livre no Harlem estavam voltando à ativa. Muitos restaurantes haviam expandido suas áreas externas durante os primeiros meses de *lockdown*, e as ruas começaram a pulsar com energia e vida renovadas.

Eventualmente, chegou a hora do meu voo para a Alemanha. Ao chegar, pediram que eu fizesse quarentena – uma ideia absurda, mas que não atrapalhou meus planos, já que eu iria direto para o vilarejo de qualquer forma. Aquele verão foi um retorno lindo às minhas raízes, passado na vila onde cresci, cercada pelo amor da minha família e pelas paisagens deslumbrantes de casa. Peguei uma bicicleta emprestada do meu irmão Franz e costumava pedalar com frequência, às vezes em passeios mais longos com minha amiga Gabi. Também organizamos reencontros com "velhos amigos" que eu não via há décadas, revivendo memórias preciosas.

Nos 24 meses seguintes, me mantive ativa com diversos projetos online, mantendo conexões pela África e pelos EUA. Co-apresentei uma série de *webinars* sobre liderança com Justine Chinoperekweyi, do Zimbábue (então trabalhando nos Emirados Árabes), em colaboração com a UNICAF Zâmbia. Também participei de eventos virtuais, como um com Senamile Masango, da África do Sul, e fiz palestras em eventos para grandes bancos americanos.

No final de 2020, decidi voltar aos EUA, desta vez para Miami Beach. Comecei em um Airbnb, depois me mudei para outro por alguns meses antes de alugar um apartamento por oito meses na Lenox Avenue.

Não demorou muito para eu descobrir onde dançar kizomba, semba e kompa – principalmente na área de Hollywood, mas também em South Beach, como nos eventos de domingo à noite no South Pointe Park. Finalmente, eu estava dançando de novo! Contudo, com o tempo, a cena de kizomba começou a ficar estranha, com alguns organizadores preocupados com quem não estava vacinado. Isso não era o que eu procurava, então comecei a me afastar. Era a última coisa que eu queria!

Felizmente, tinha minha bicicleta, que rapidamente se tornou minha melhor companheira. Eu pedalava quase todas as noites depois do trabalho, muitas vezes parando na academia ao ar livre no Flamengo Park para um exercício extra, e depois seguia pelo Venetian Way até Miami ou continuava para o norte em direção ao campo de golfe e áreas residenciais até a W47th St. ou La Gorce. Nos finais de semana, fazia passeios mais longos até Coconut Grove ou Little Havana, ou subia a costa pelo Beach Boardwalk. Às vezes, era pega por chuvas tropicais repentinas e ficava encharcada até os ossos. Lembro-me de uma vez em que a inundação chegou à altura dos joelhos em poucos minutos enquanto eu tentava voltar de Brickell de bicicleta. Precisei me abrigar sob o telhado de um museu antes de encarar as enchentes no caminho de volta pelo Venetian Way até Miami Beach, onde até as calçadas estavam submersas. Naquele dia, fiquei tão aliviada ao finalmente tomar um banho quente e vestir roupas secas. Não foi a única vez que precisei esperar a chuva passar sob uma daquelas enormes árvores de borracha pelo caminho, que ofereciam apenas um abrigo temporário contra a tempestade.

As palmeiras do Collins Park formavam o cenário perfeito para aulas de ioga ao ar livre realizadas em frente ao BASS Museum às segundas e quartas à noite. Melhor ainda, essas aulas eram oferecidas gratuitamente pela cidade.

Fiz também ótimos amigos com meus vizinhos do andar de cima, Justin e Meghan, e o golden retriever deles, Murphy. Eu adorava aquele cachorro. Ele frequentemente parava na minha porta ou espiava pela janela, e eu o levava para passeios noturnos ou cuidava dele enquanto eles estavam viajando. Até hoje, sinto saudades dele, e ele ainda ergue as orelhas quando ouve meu nome.

Viajava frequentemente para Nova York para buscar pertences no depósito. Ainda não havia muito *networking* por lá, então passei mais tempo na Flórida, enquanto meus negócios permaneciam baseados em Nova York. Imaginei que resolveria a logística adicional mais tarde. Para esses voos, dominei a arte de "comer dois talos de aipo em duas horas dentro de um avião" – se é que você me entende. Afinal, você não pode "comer passivamente", pode?

Em 2021, com o mercado imobiliário de Miami em alta e a hiperinflação no horizonte, decidi comprar um apartamento recém-reformado, totalmente mobiliado e lindamente decorado em Miami Beach. Ele estava alugado, e o aluguel cobria o meu com um pequeno lucro. Localizado em uma área privilegiada, em um prédio histórico perto da Lincoln Road, parecia um investimento perfeito. Com tantos nova-iorquinos e outros migrando para a Flórida, o mercado estava disparando. Em um ano, os valores dos imóveis e os aluguéis aumentariam 30%!

Mas as coisas deram uma guinada drástica. Os proprietários no meu prédio foram vítimas de um esquema complexo que envolvia várias pessoas (tenho fortes suspeitas). Numa tarde de sexta-feira, o prédio foi abruptamente interditado pela cidade de Miami Beach. Levou 18 meses para nos livrarmos dessa situação, período em que nós, os compradores mais recentes, sofremos perdas significativas. Após intermináveis horas de estresse, conseguimos vender, mas não pelo valor de mercado, e só depois de pagar 18 meses de manutenção (para quê?) sem poder alugar ou usar os apartamentos – que acabaram ocupados por invasores.

Certamente, as "estruturas inseguras" (?) do prédio eram seguras o suficiente para eles. Pelo menos, a cidade não parecia se importar com os invasores enquanto nós, proprietários, éramos barrados. Ao longo do tempo, os invasores roubaram o que tinha valor e destruíram o resto, em parceria com os ratos, que também aproveitaram o prédio abandonado. Com os inquilinos saindo às pressas, alimentos foram deixados para trás, e sem eletricidade, o local virou um paraíso para pragas.

Quando tentamos reagir, nenhum advogado aceitou nosso caso sem um pagamento adiantado exorbitante, e a imprensa se recusou a cobrir o caso. Tudo cheirava a corrupção. Cada canto em que investiguei estava impregnado de irregularidades. Um amigo do mercado imobiliário uma vez brincou: "Miami – um lugar ensolarado para pessoas sombrias." Ele se referia aos negócios imobiliários. Gostaria de ter ouvido isso antes de comprar lá.

Não vou sobrecarregá-lo com mais detalhes, embora tenha muitos – relatórios "oficiais" duvidosos, centenas de fotos, vídeos, relutância do conselho em trazer especialistas independentes da firma de administração – documentei tudo que pude. Mas isso não é o ponto. Meu ponto é...

O que realmente importava era que minha perseverança e fé me sustentaram. Já enfrentei corrupção antes, mas dessa vez, apesar dos meus melhores esforços, não tive sucesso. Levou tempo para me recuperar do choque de me sentir impotente, mas emergi mais forte e resiliente. Nada pode me destruir se eu não permitir. Podem tirar minhas posses, dinheiro ou visto de residência, como aconteceu antes no Brasil, ou minhas atividades favoritas, como aconteceu em Nova York em 2020, mas NUNCA poderão tirar meu poder – a menos que eu o entregue, e isso nunca acontecerá.

Essa experiência lançou uma sombra sobre a ensolarada Miami Beach para mim. Nunca me senti "em casa" lá, mas amava o clima tropical, a vegetação exuberante e a proximidade com o oceano, onde eu podia nadar a qualquer momento,... quando os furacões permitiam. O clima, a vegetação e as praias próximas me lembravam o Rio de Janeiro, mas Miami Beach não era o Rio.

O drama do prédio começou em janeiro de 2022, mas o outono de 2021 foi tranquilo (e agitado ao mesmo tempo). Inspirada pela experiência de um amigo e pelo meu amor por cães – sem o compromisso da posse devido às minhas viagens frequentes – optei por não renovar meu aluguel e decidi cuidar de animais de estimação por alguns meses enquanto planejava meu próximo destino. Ansiosa para retomar minhas viagens e trabalhar de qualquer lugar, reservei estadias em Denver, El Paso e Merritt Island. Em cada local, tinha uma casa só para mim e, geralmente, acesso a uma bicicleta ou carro, sendo meus únicos companheiros os *pets*. Em Denver, eram quatro gatos grandes e dois cachorros nem tão grandes, com um dos gatos sempre pronto para brigar com os outros. Em El Paso, eram dois pequeninos peludos, enquanto Merritt Island me apresentou a uma grande golden retriever, com quem criei um vínculo rapidamente.

No entanto, um acidente envolvendo a golden retriever em Merritt Island me levou ao pronto-socorro com o pulso fraturado. Não entrarei em detalhes sobre aquele pronto-socorro, mas foi péssimo, sem nenhum médico especializado disponível para tratar minha lesão! Pelo menos, não pediram nenhuma prova de você-sabe-o-quê... Depois de voltar para Miami, passei algumas semanas me recuperando na casa da minha amiga Barbie, em Hialeah, uma das almas mais gentis e generosas que conheço, que prontamente me buscou no aeroporto e me deu suporte durante a recuperação. Por acaso, não é incrível como o Universo a colocou no meu caminho alguns meses antes, literalmente dias antes de eu partir para o Colorado? De alguma forma, apesar das "lições difíceis" que criei para mim mesma nesta vida, sempre fui miraculosamente protegida e apoiada...

Apenas dois dias após minha cirurgia, o inimaginável aconteceu: o prédio onde ficava meu apartamento foi interditado pela cidade de Miami Beach, marcando o início da saga de 18 meses que descrevi anteriormente. No entanto, há sempre uma luz no fim do túnel. Só precisamos estar dispostos a enxergá-la.

No verão de 2022, buscando uma pausa e clareza, senti que colocar uma distância física de tudo poderia ajudar. Então, voltei para a Alemanha por um tempo para me concentrar completamente no meu trabalho e nos meus relacionamentos pessoais mais queridos. Sinto-me abençoada por dizer que minha casa de infância sempre me recebe de braços abertos, oferecendo um refúgio sereno, um verdadeiro paraíso nos meses mais quentes, com vista para as montanhas, amplas rotas para bicicletas, belos lagos, rios e trilhas de montanha de tirar o fôlego a poucos minutos de carro. Os produtos frescos e orgânicos do jardim eram um bônus delicioso – a cereja do bolo!

Mas havia outro chamado: o chamado da África havia se tornado impossível de ignorar. Planejei inicialmente uma estadia de três meses começando em Zanzibar. No entanto, após um mês lá, encurtei a visita por razões pessoais não relacionadas aos destinos planejados e voltei brevemente para a Alemanha antes de retornar a Miami Beach. Mais sobre isso no próximo capítulo.

Sabedoria em liderança – principais aprendizados

Nunca troque liberdade por segurança, ou você perderá ambas

Sacrificar sua liberdade por uma sensação de segurança sempre leva à perda de ambas. A verdadeira segurança vem de defender sua liberdade, o que às vezes inclui aceitar riscos e incertezas. Confinamento nunca é uma opção; ele só proporciona uma falsa sensação de segurança enquanto corrói sua liberdade. Na verdade, não há liberdade em seguir ordens sem um motivo sólido. Decidir se há ou não esse motivo às vezes exige um pouco de pesquisa, outras vezes apenas senso comum – ou ambos. E não há liberdade em obedecer ordens – nem agora, nem no futuro. A verdadeira liberdade vem do livre-arbítrio – não é coincidência que as duas palavras compartilhem "livre."

Pensar por si mesmo, questionar as chamadas "autoridades" e usar sua intuição – uma verdadeira forma de liberdade – em vez de seguir cegamente uma narrativa, rejeitando restrições ou imposições desnecessárias e enfrentando os desafios de forma direta, ajuda a proteger sua liberdade e a construir uma verdadeira resiliência. Aceite os riscos que estejam alinhados com seus valores, e você cultivará uma sensação mais forte e segura de si mesmo, abrindo caminho para o crescimento e o progresso reais. Ao fazer isso, você está contribuindo de maneira significativa para a liberdade de todos os seres humanos. Como você já sabe: Tudo o que faço é a serviço da liberdade, então este conselho não deve ser surpresa.

Liberdade, para mim, também significa não estar preso a rotinas ou tradições aparentemente (e muitas vezes falsamente) seguras. Embora eu não seja contra tradições em geral – muitas fazem todo sentido – acredito que vale a pena questioná-las antes de colocá-las em prática, em vez de simplesmente continuar fazendo algo "porque sempre foi assim."

Há a história da mulher que convida os amigos para jantar. Ela serve um peru. Quando um dos convidados pergunta por que ela cortou uma parte do peru, a jovem percebe que não tem um motivo claro. Curiosa, ela pergunta à mãe no dia seguinte, apenas para descobrir que a prática era uma tradição passada por sua avó. Como acaba se revelando, a panela da avó era pequena demais para acomodar o peru inteiro. Essa revelação faz com que ambas as mulheres percebam que a tradição não tem mais propósito prático, já que ambas possuem panelas grandes. Trata-se simplesmente de um costume familiar que nunca foi questionado.

O mesmo se aplica a muitas tradições e costumes, especialmente aqueles que causam danos a certos grupos. É hora de questioná-los e mudá-los. Se você encontrar tais práticas em seu círculo de influência, encorajo você a se engajar ativamente na transformação. Embora o processo possa ser desafiador, o potencial de gerar mudanças positivas para os outros é imensamente recompensador – desde que seja feito com respeito à autonomia dos outros e sem impor mudanças indesejadas. Em última análise, trata-se de defender os princípios de liberdade, escolha e livre-arbítrio

Encontrando oportunidade na "adversidade"

Sempre que a "adversidade" surge, pergunto a mim mesma: "Como isso está acontecendo *para* mim?" (em vez de *a* mim ou *contra* mim) e "Que cura preciso trazer para mim mesma?" Agora, não vou fingir que não reagi inicialmente com frustração e raiva quando percebi que estava batendo em uma parede – reagi! Fiquei genuinamente abalada e estava longe de me sentir bem. Xinguei, gritei e protestei! Mas logo me lembrei dos meus próprios ensinamentos, e a pergunta emergiu do meu coração: "Como isso está acontecendo para mim?"

Não estou sugerindo que devemos permanecer passivos quando somos prejudicados ou maltratados. Defender-se e estabelecer limites claros é essencial. No entanto, apegar-se a sentimentos de ódio ou raiva não nos beneficia. É importante afirmar nossos direitos e, ao mesmo tempo, liberar a negatividade para manter nosso bem-estar. Podemos passar do "completamente descontrolado" para o "absolutamente incrível" abraçando a vulnerabilidade, aceitando apoio dos amigos, acessando nossa força e recursos internos e afirmando nosso poder intrínseco. A situação pode ter sido causada por outra pessoa (nossos "professores"), mas a sensação de opressão (nossa reação) é autocriada. Ou seja, também podemos descriá-la.

O motivo pelo qual a palavra "adversidade" está entre aspas acima é que quero que consideremos se é realmente isso. E se isso pudesse nos levar a algo extraordinário? Então, da próxima vez que enfrentar um revés, mude sua perspectiva. Considere como isso pode contribuir para o seu crescimento e quais possibilidades ele contém. A chamada adversidade muitas vezes esconde uma oportunidade. Aceite o desafio, peça apoio quando necessário e, o mais importante, pergunte a si mesmo: "Como isso está acontecendo para mim?" e "O que preciso curar agora?"

Ninguém pode tirar seu poder

Você pode se desconectar mentalmente do seu poder, mas ninguém pode tirá-lo de você, e ninguém pode devolvê-lo porque você nunca o entregou. Simplesmente não é possível entregar seu poder; ele permanece dentro de você, sempre acessível e disponível, embora possa estar temporariamente dormente.

Da mesma forma, ninguém pode empoderar você além de você mesmo. Cuidado com pessoas que dizem querer "empoderar você." Elas podem ou não entender o conceito de que estão falando, ou até mesmo tentar manipular você. Em vez de "empoderar você," o papel de um coach ou amigo é guiar você na reconexão com o seu poder intrínseco, que essencialmente significa "empoderar-se."

Você nunca está sem poder; você não pode perdê-lo ou renunciá-lo. Você pode apenas se desconectar dele. Assim como um cabo de corrente elétrica precisa estar conectado para que a energia flua, quando você está desconectado do seu poder, permite que as fraquezas dos outros influenciem ou até governem sua vida. Sempre lembre-se de conectar o cabo do seu poder interno para que a energia flua livremente.

Você não precisa recuperar seu poder de algo externo porque nunca o perdeu. Se sentir que perdeu, é porque ele estava apenas adormecido, esperando você se reconectar e "fazer sua mágica" novamente. Aproveitar seu poder dessa forma é um sinal de pró-atividade, não de reatividade.

*

Enquanto fazia as malas para Zanzibar, minha animação era palpável. Finalmente, pisaria em solo africano novamente! Planejei um mês em um Airbnb na cidade de Zanzibar, combinando trabalho e vida na ilha. Devorei vídeos no YouTube, ansiosa para mergulhar na mistura única de culturas e experiências. Não queria apenas provar o sabor dessa ilha das especiarias, mas me imergir em sua essência.

Capítulo 25
Saboreando Zanzibar: uma sinfonia de especiarias e sabores

Lições de voz do coração, curiosidade, valorização da sabedoria local e gratidão

No Aeroporto Internacional Abeid Amani Karume, o motorista enviado pelo Airbnb aguardava minha chegada. O Airbnb em Zanzibar City, propriedade de uma calorosa e acolhedora família local que vivia no andar térreo, era administrado por Petra, que gentilmente havia organizado a recepção. Nossa primeira parada foi em um banco local para trocar moeda. A fila era longa, mas o motorista esperou pacientemente comigo antes de continuarmos até a casa. Durante o mês que passei na cidade natal de Freddie Mercury, tive meu próprio quarto e banheiro, mas compartilhei a cozinha e a sala de estar com dois outros hóspedes e Petra. Um detalhe único da minha estadia foi o despertador gratuito: o chamado do muezim para a oração, ecoando dos alto-falantes de uma mesquita próxima, pontualmente ao amanhecer (por volta das 5h20) e novamente ao nascer do sol (6h30).

Depois de me acomodar, desfazer as malas e tomar um banho refrescante, me preparei para explorar a estrutura labiríntica de Stone Town, que ficava a apenas dez minutos a pé. Faminta, parei em um pequeno restaurante e saboreei um curry apimentado em seu aconchegante deck ao ar livre. Naquele dia, tive apenas um breve vislumbre de Stone Town, pois estava um pouco cansada da viagem. Além disso, Petra havia agendado um tuk-tuk (também chamado de *bajaji*) para me levar a um mercado distante naquela noite, onde eu poderia comprar itens adicionais, como azeite, café e queijo, que não encontrei por perto. Embora eu geralmente seja adaptável, adoro saladas, especialmente em climas quentes, e prefiro prepará-las com azeite. Além disso, o passeio de tuk-tuk prometia ser uma boa oportunidade para fazer um pequeno tour pela cidade. E não decepcionou – não pelo mercado em si, mas pelo que vimos ao longo do caminho.

Era o Mwaka Kogwa, o festival que celebra o Ano Novo de acordo com o calendário Shirazi, e as ruas estavam repletas de pessoas em trajes festivos, especialmente mulheres e meninas. Parecia um desfile de moda colorido acontecendo diante dos meus olhos. O motorista, cujo nome infelizmente esqueci, era incrivelmente habilidoso dirigindo o tuk-tuk e também uma pessoa muito gentil. Fiquei surpresa quando, mais tarde, o vi abrir a pequena porta de seu assento e percebi que ele não tinha pernas.

No dia seguinte, fui ao Mercado Darajani para comprar frutas e vegetais frescos. Fiquei empolgada ao encontrar pilhas de maracujá amarelo, iguais aos que conhecia do Rio de Janeiro – comprei quase um quilo na hora! Rapidamente aprendi que os preços variavam bastante e, logo, consegui identificar quem tentava me cobrar preços turísticos e quem não. Antes do fim da minha primeira visita, já tinha meus vendedores favoritos, embora não tivesse explorado o mercado inteiro naquela tarde. Zanzibar é um paraíso das especiarias, e o Darajani oferece uma seleção incrível. Comprei o básico e fiz uma anotação mental para voltar antes de ir embora e comprar mais para minha mãe e irmãos.

Logo fora do maior salão, havia barracas vendendo deliciosas tâmaras, que rapidamente se tornaram meu lanche favorito durante a minha estadia na Tanzânia, junto com um grande saco de castanhas de caju. O Bazar Darajani é um mercado extenso, com o salão principal e áreas externas ao redor ocupando um quarteirão inteiro, e o bazar em si se espalhando por várias ruas e vielas. O mercado por si só já vale uma visita a Zanzibar Town – é sempre uma experiência! Alguns vendedores frequentemente jogavam uns tomates ou ervas extras na minha sacola. Um dia, um senhor que vendia ervilhas frescas adicionou um punhado a mais à minha compra, mesmo depois de tê-las debulhado uma por uma. Em outra visita, um homem com um grande carrinho de madeira me convidou a subir para me dar uma volta pelo mercado. Recusei, mas rimos juntos.

Descobri um tapete de ioga escondido nas prateleiras da sala de estar e decidi praticar ocasionalmente no terraço para não perder o ritmo enquanto viajava. Uma manhã, no meu tapete, fiquei surpresa ao ver um homem pintando a fachada de um prédio próximo. Ele se equilibrava precariamente em andaimes improvisados sem nenhuma medida de segurança – sem corrimãos, redes ou cordas – no quarto andar. Em um momento, ele até pulou de uma sacada de um lado do prédio para as tábuas de madeira do outro lado. Prendi a respiração, não por uma técnica de ioga, mas por puro espanto e ansiedade, torcendo para que ele não caísse. Foi um lembrete marcante de quantas pessoas arriscam suas vidas diariamente para ganhar alguns reais e sustentar suas famílias.

Nas minhas caminhadas diárias, rapidamente fiz amizade com um alfaiate simpático cuja modesta loja dava para a pequena estrada de terra que levava à nossa casa. Com meu vocabulário limitado de suaíli – palavras como "habari" (olá, como vai?), "nzuri" (bem), "mambo" (como está?), "asante sana" (muito obrigado), "karibu" (seja bem-vindo) e alguns números essenciais – consegui me conectar com os moradores, embora às vezes lamentasse não ter estudado mais. Os números foram especialmente úteis ao comprar água dos rapazes em um depósito de bebidas na rua ou ao pegar meu pão favorito coberto de gergelim, cuidadosamente embrulhado em jornal pelo jovem vendedor simpático em uma pequena barraca de pão e hambúrguer na estrada para Stone Town. Uma vez, ao desembrulhar o pão em casa, percebi que a revista em que estava embrulhado tinha uma capa que dizia "Love Bites" (Mordidas de Amor) – que apropriado!

Minhas caminhadas pelo labirinto de Stone Town rapidamente se tornaram uma rotina adorada. Eu vagava pelas vielas sinuosas, memorizando pontos de referência para ajudar a encontrar o caminho de volta e, depois de alguns dias, meu senso de direção estava afiado. Durante um desses passeios, conheci Ema, um artista local que mais tarde me presenteou com uma linda pintura que ele criou especialmente para mim – novamente, carinhosamente embrulhada em jornal.

À noite, eu costumava ir ao Forodhani Night Food Market, um lugar animado onde mesas transbordavam de peixe fresco, frutos do mar e iguarias locais. A pizza de Zanzibar era a favorita do público, mas minha obsessão pessoal se tornou a sopa Urojo (Zanzibar mix). Por cerca de um dólar, era a refeição perfeita e minha favorita absoluta em Zanzibar. Brinco até hoje que, se alguém souber como prepará-la, eu me casaria com essa pessoa na hora! A propósito, a área ao redor do mercado de comida e do Darajani Park estava sempre cheia de jovens muito bonitos, tentando chamar a atenção de visitantes femininas – embora, provavelmente, pelas razões erradas, considerando a diferença de idade. Alguns insistiram várias vezes para que eu me juntasse a eles para uma noite de dança. Recusei, e eles não reagiram muito bem, mas não somos obrigados a agradar a todos, certo?

Um espetáculo imperdível era o grupo de jovens zanzibarianos fazendo mergulhos acrobáticos no porto, não muito longe do mercado de comida. Eu poderia assistir a isso por horas! Outro tesouro local eram os chapatis feitos por mulheres nas calçadas estreitas da Cidade Velha – frescos, suculentos e, de longe, os melhores (e mais baratos) da região... sempre embrulhados em jornal para um sabor extra!

Um dia, decidi pegar o dala-dala (uma van lotada de passageiros) para a praia de Nungwi por um dia. Foi uma viagem memorável por muitas aldeias e paisagens pitorescas. Uma das minhas coisas favoritas ao viajar é observar a vida cotidiana ao longo do caminho – como as pessoas vivem, como se locomovem, suas vilas e casas, e todos os pequenos detalhes que revelam o ritmo de um lugar.

Ao caminhar do dala-dala até a praia, encontrei um dos muitos mototáxis parados em uma esquina, com o motoqueiroouvindo música ndombolo. Não resisti e me aproximei para mostrar alguns passos de dança. Compartilhamos uma dança, risadas e um breve papo antes de eu seguir meu caminho. Logo depois, vi um lugar com algumas cabanas simples e agradáveis para alugar, e decidi reservar uma para passar a noite na semana seguinte, já que queria nadar com os golfinhos – o que foi in – crí – vel!

Na visita seguinte à cidade praiana, o dono do meu Airbnb tinha negócios a resolver em Nungwi, então ele me deu uma carona. Passei o resto do dia explorando a área, visitei a aldeia Maasai e reservei o passeio de barco para o dia seguinte. Embora o dia no barco estivesse relativamente frio, nadar com os golfinhos em mar aberto foi uma experiência de outro nível! Simplesmente espetacular! Pulamos na água com dois grupos diferentes ao longo do caminho. No caminho de volta no barco, vimos incontáveis estrelas-do-mar e também paramos para fazer um ótimo mergulho com snorkel em um banco de areia.

Outro dia, contratei um motorista que conheci em Stone Town para me levar à Floresta de Jozani, onde fiz um tour fascinante com um guia que explicou a infinidade de plantas, cada uma com um propósito medicinal. Essa floresta literalmente oferece uma planta para qualquer problema de saúde que você possa imaginar. Ela também abriga o único macaco colobus vermelho, com sua longa cauda e comportamento curioso. Tivemos a sorte de ver vários deles.

Quando perguntei ao motorista sobre um bom lugar para dançar em Zanzibar Town, ele recomendou o Tatu (que significa "três"), um local de três andares com um restaurante no térreo, um bar com sinuca no segundo andar e uma boate no terceiro. Uma noite, apesar de estar cansada de um passeio de barco à Ilha da Prisão (com suas tartarugas gigantes), decidi conferir. Ao subir as escadas para o segundo andar, não acreditei no que vi – lá, jogando sinuca, estava meu amigo artista de Joanesburgo, Reggie Khumalo! Quais as chances? Foi uma sincronicidade perfeita, já que era o último dia dele na ilha.

Embora Reggie precisasse sair cedo por compromissos de trabalho, jogamos uma partida de sinuca para começar a noite. Eu não jogava há anos – bem, exceto por aquela vez no Marrocos em que, de alguma forma, ganhei a maioria das partidas contra um local. Minhas primeiras tacadas foram surpreendentemente boas desta vez também, mas logo minha sorte acabou... embora meu bom humor não. E foi assim que conheci Evodia, que me convidou para curtir a praia de Paje, onde ela costumava ficar.

Outra tarde, estava sentada em um dos bancos de concreto no anfiteatro do Old Fort quando dois estudantes de repente se sentaram ao meu lado, mais tarde acompanhados por um terceiro. Inicialmente, achei que eram do tipo "quero andar com você", mas não – eles queriam me entrevistar para seus estudos. Estavam se formando como guias turísticos profissionais, e nossa conversa acabou virando uma sessão inspiradora. Eles eram incrivelmente receptivos e de mente aberta (como muitas vezes percebo nos jovens africanos) e me agradeceram por ser sua "professora" (ou coach?).

Em outra visita ao Old Fort, assisti a um grupo de dançarinos ensaiando suas coreografias. Um deles, chamado Brown, puxou conversa comigo sobre dança e as apresentações do grupo. Decidimos trocar movimentos – ele me ensinaria alguns passos de Afrobeat, e eu mostraria um pouco de ndombolo. Brown era super atlético, um dançarino e acrobata fenomenal, e, ao mesmo tempo, humilde. Ele contou que a dança era como ele sustentava a si mesmo e às irmãs no continente tanzaniano.

Nos encontramos algumas vezes no anfiteatro para dançar, e foi uma diversão. Também tivemos longas conversas antes de eu partir. Infelizmente, depois de voltar de Zanzibar, perdi o contato com ele – provavelmente ele trocou de número. Se você viajar para Zanzibar e encontrar o dançarino Brown (ele se apresenta em muitos hotéis na praia), por favor, mande um oi por mim.

Com frequência, iniciava conversas com pessoas aleatórias nas ruas – ou elas comigo, como duas garçonetes que conheci durante minha estadia. Uma delas encontrei em um semáforo, e acabamos andando juntas por um tempo; a outra trabalhava em um pequeno bar ao ar livre no Old Fort. Ambas pareciam estar em busca de conselhos – devo ter "coach" escrito na testa...

Embora meus planos iniciais fossem pegar o ferry para Dar es-Salaam, no continente da Tanzânia, para uma reunião com um contato de negócios e depois continuar minha viagem para outros países, motivos pessoais me levaram a encurtar a viagem e retornar à Alemanha mais cedo do que o esperado. Mas antes de partir, decidi fazer um passeio de um dia para Paje, na costa leste. Meu amigo motorista de tuk-tuk me levou ao Mercado Mwanakwerekwe e garantiu que eu pegasse o *dala-dala* certo para seguir para o leste. A viagem foi uma experiência à parte – o *dala-dala* mais velho e precário em que já andei. Sentei na última fileira, com os pés sobre sacos cheios de sei lá o quê, cercada por assentos que pareciam ter sido usados por mil anos. Um homem Maasai alto dormia de boca aberta na fileira à minha frente, adicionando um toque especial à cena.

Quando finalmente cheguei a Paje, procurei o restaurante onde Evodia, a moça do Tatu, trabalhava. Tomamos café da manhã em um pequeno lugar e depois fizemos uma longa e tranquila caminhada pela praia. Mais tarde, de volta ao bar ao ar livre do hotel, o DJ estava cochilando em um dos bancos. Logo ele se juntou a nós, junto com a cozinheira, e transformamos o restante da tarde em um *happy hour* improvisado. Por fim, chegou a hora de me despedir e pegar o *dala-dala* de volta – um processo que demorou muito mais do que eu esperava. Depois de uma longa espera, finalmente embarquei, apenas para descobrir, perto do fim da viagem, que precisaria trocar para outro. Felizmente, o motorista gentilmente me ajudou a fazer a conexão, e cheguei ao meu destino a tempo de participar de uma reunião online que eu tinha naquela noite.

Com fome e exausta, fiquei aliviada ao encontrar os rapazes na esquina ainda assando as duas últimas espigas de milho. Comprei uma – meio seca, mas suficiente – e voltei para o meu quarto para a reunião e, depois, fazer as malas para meu voo na manhã seguinte.

Sabedoria em liderança – principais aprendizados

Nunca ignore a voz do seu coração ou você pode perder suas melhores oportunidades

O encontro com Reggie no Tatu traz uma lição valiosa: confiar na sua intuição pode levar a experiências inesperadas e enriquecedoras. Quando sua voz interior o incentiva a sair, como para um evento de *networking*, mesmo que você esteja tentado a ficar em casa, ela geralmente está guiando você para algo significativo. Abrace esses momentos e deixe a curiosidade te guiar. Você pode descobrir oportunidades e conexões que nunca imaginou. Sintonize-se com seus instintos – eles muitas vezes sabem onde está a verdadeira aventura... ou suas melhores oportunidades de negócios!

Use o poder da curiosidade para uma experiência mais rica

As variadas experiências em Zanzibar – desde dançar com Brown até compartilhar passos de ndombolo com o mototaxista – deixam clara a lição da adaptabilidade. Ser curioso, aberto a oportunidades espontâneas e flexível em seus planos pode revelar benefícios e conexões inesperados. Em contextos pessoais e profissionais, permitir espaço para a espontaneidade pode levar a experiências valiosas que uma abordagem rígida talvez perca. Abrace o imprevisto e esteja pronto para se adaptar; isso muitas vezes resulta nas experiências e resultados mais gratificantes.

Valorize os *insights* e conexões locais

Em Zanzibar, interagir com moradores em mercados, barracas de comida e locais culturais mostrou a importância de aproveitar o conhecimento local. Conexões com pessoas como o vendedor no Mercado Darajani ou os alunos do Old Fort demonstram o quanto as perspectivas locais são valiosas. Na liderança e nos negócios, buscar e valorizar esses *insights* pode proporcionar uma compreensão mais profunda do ambiente e revelar oportunidades que não são imediatamente óbvias. Construir relações com quem conhece o terreno pode melhorar a tomada de decisões e levar a estratégias mais informadas e eficazes.

Seja grato e aprecie o que você tem para obter mais

Em Zanzibar, enquanto praticava ioga no terraço, observei um homem pintando a fachada de um prédio próximo. Seu equipamento de segurança era inexistente; ele se equilibrava precariamente em andaimes rudimentares, sem corrimãos ou cordas, e até saltava de uma varanda. Ao vê-lo, fiquei impressionada com o contraste entre o trabalho arriscado que ele realizava e o conforto relativo da minha situação.

Essa cena foi um lembrete marcante da importância de valorizar o que temos. O pintor arriscava a vida diariamente para sustentar sua família, enquanto eu desfrutava de um ambiente seguro e da liberdade de escolher como passava meus dias (mesmo que nem tudo tivesse vindo facilmente). A coragem e a resiliência dele destacaram o quanto frequentemente damos por garantidas nossas próprias comodidades.

Nos negócios e na liderança, reconhecer e valorizar os recursos e oportunidades à sua disposição pode levar a um sucesso e satisfação maiores. Quando você demonstra gratidão genuína pelo que tem à sua disposição – seja sua equipe, suas ferramentas ou suas habilidades – você cultiva uma mentalidade que traz mais do mesmo. Essa apreciação não apenas melhora sua situação atual, mas também abre portas para novas possibilidades e avanços.

Tire um momento para refletir sobre sua própria realidade. Quais aspectos do seu trabalho, da sua equipe ou do seu ambiente você às vezes ignora? Ao valorizar esses elementos, você cria um ciclo positivo que convida ao crescimento e à abundância do que você quer. Valorize o que você tem e observe como isso se expande e enriquece sua vida, incluindo sua carreira ou negócio.

*

Enquanto voava de volta para casa, senti uma pontada de arrependimento por não ter conhecido o continente da Tanzânia. Ao mesmo tempo, estava animada para aproveitar mais alguns dias de trilhas e passeios de bicicleta na Baviera, meu antigo lar. Estava ansiosa para desfrutar de momentos preciosos com minha família antes de retornar a Miami Beach, onde precisaria encontrar um novo lugar para ficar até que a situação do prédio fosse resolvida e eu estivesse completamente livre para começar um novo capítulo.

Capítulo 26
A borboleta está criando novas asas
Lições de uma verdadeira transformação

Depois de passar um tempo de qualidade com a família e resolver questões importantes na Alemanha, chegou a hora de sair do casulo e voltar para Miami Beach. Ao chegar, passei uma noite em um aparthotel na Española Way antes de me instalar em minha nova casa na Euclid Avenue, onde ficaria até agosto de 2023.

Os meses que antecederam a venda do apartamento foram de tirar o fôlego – um processo árduo que envolvia todos os 26 proprietários, que precisavam concordar, assinar documentos e lidar com as táticas incessantes dos compradores. Eu havia contratado um advogado que fez sua parte, embora pudesse ter sido mais eficaz no final. Como mencionei antes, vou poupar os detalhes – são absurdos demais para acreditar.

Por outro lado, havia algo para animar: o Haitian Kompas Festival no Bayfront Park, no centro de Miami, estava chegando em maio, celebrando seu 25º aniversário. Esse festival é um grande evento para os amantes do kompa, reunindo mais de 25 bandas e artistas no palco naquele dia, incluindo alguns dos meus favoritos: Klass, TVice e Nu Look. Cheguei cedo, quando alguns dos artistas menos conhecidos ainda estavam se apresentando, mas o público foi crescendo à medida que as estrelas eram esperadas. *Li te gwo*... Me diverti muito no meio da multidão haitiana, desejando que Chris estivesse lá para aproveitar comigo e dançar um pouco. Pensei comigo: Caetano e Gilberto, o Haiti sim é aqui, pelo menos por hoje.

Conheci um haitiano simpático de outro estado que me contou sobre outro grande evento no dia seguinte: Madame Gougouse Haiti Cup Final no North Miami Stadium. Comprei um ingresso, peguei o ônibus e, quando cheguei, percebi que era a única não haitiana no local.

Curiosidade: o segurança na entrada ficou tão surpreso ao ver uma mulher não haitiana como eu aparecer sozinha que esqueceu de escanear meu ingresso. O lugar inteiro tinha o aroma delicioso da comida haitiana, dois times jogavam futebol, e o palco estava montado na extremidade do local. Dei uma volta por toda a área e logo encontrei meu novo amigo antes do início do show. Para minha alegria, Klass estava se apresentando novamente! Aquele fim de semana foi, sem dúvida, um destaque musical.

Quando a venda finalmente foi concluída, senti uma onda de alívio me invadir – apesar da perda, da traição e das incontáveis horas dedicadas a essa saga. Lembrei a mim mesma de que tudo acontece para mim, não contra mim. Essa mudança de perspectiva me permitiu começar a refletir sobre o que aprendi, tanto mental quanto emocionalmente. Não sentia mais a necessidade de ficar perto do prédio, monitorando constantemente a situação, e finalmente estava pronta para deixar Miami Beach para trás.

Antes de esvaziar e limpar o apartamento, com energia renovada e a mente mais clara, comecei a me reconectar com as pessoas de forma mais proativa. Não poderia ter pedido um dia melhor do que o que passei com Scott Ferguson, um novo amigo brilhante que também é um dos melhores *hosts* de podcast (já fui convidada no programa dele), coach e investidor imobiliário. Scott não hesitou em dirigir pela costa, desde Palm Beach Gardens até South Beach, para me encontrar, e aproveitamos ao máximo nosso tempo juntos. Passamos o dia inteiro em conversas profundas, trocando ideias enquanto caminhávamos pelas ruas tranquilas de South Beach, tomávamos kava em um bar local, saboreávamos um delicioso almoço italiano na 5th Street e uma sobremesa na Ocean Drive, e compartilhávamos nossos planos para o futuro próximo. Há algo realmente especial em encontrar alguém pessoalmente depois de só conhecê-lo online – é como se a conexão se tornasse real, tangível e infinitamente mais significativa.

Com o "capítulo do prédio" encerrado, eu estava livre para reinvestir. A pergunta era: onde? Nova York já não parecia uma opção viável, dadas suas dificuldades atuais. Para mim, a cidade havia perdido muito de seu valor, apesar dos preços dos imóveis continuarem altíssimos. Miami, por sua vez, estava à beira de uma possível bolha imobiliária, e as vibrantes cenas de dança que eu tanto amava haviam diminuído em ambos os lugares. A França começou a surgir em meus pensamentos, particularmente Paris – uma cidade que eu sempre imaginei como um lar em potencial. Mas havia também razões para hesitar, baseadas em pesquisas que não entrarei em detalhes aqui. Então me perguntei: qual é a próxima maior cidade igualmente bela da França que oferece uma cena forte de danças africanas? A resposta era clara – Lyon (embora eu nunca tivesse estado lá). E assim, reservei um voo para o verão de 2023 para explorar Lyon, ver se poderia ser uma boa opção para investimento e, se fosse o caso, encontrar um lugar para comprar.

Antes da minha partida, um destaque especial iluminou meus últimos dias em Miami Beach. Chris, meu dançarino de kompa favorito e grande amigo, anunciou que viria me visitar. Não nos víamos desde março de 2020, no dia após meu aniversário, então a notícia me deixou nas nuvens! Ele planejou ficar comigo no final de semana, e estávamos empolgados para dançar a noite inteira em um evento de kompa em Hollywood. Nunca vou esquecer o momento em que Chris chegou com seu carro alugado. Compartilhamos um abraço sincero que parecia que o tempo não havia passado. E aqui vai a parte incrível – hoje, enquanto escrevo este capítulo, é o aniversário de Chris! Que sincronicidade! São momentos assim que me lembram como o Universo funciona misteriosamente, preenchendo a vida com conexões inesperadas e "coincidências". Juro que não planejei essa coincidência mágica. É simplesmente divino! *Sak pase, zanmi mwen?* (Adoro o som do crioulo haitiano!)

Passamos um final de semana maravilhoso juntos, desfrutando de uma quiche fresca da padaria francesa local, caminhando por South Beach, dançando ao som de kompa ao vivo até altas horas (e caçando vaga de estacionamento ao voltar para casa), e conversando sobre meu sonho de visitar sua terra natal, o Haiti, um dia. Encerramos o final de semana com um *happy hour* descontraído e um almoço tardio no Nikki

Beach no domingo à tarde. Foi a forma perfeita de dar uma nota incrível ao meu tempo em Miami Beach.

Com apenas alguns dias restantes, empacotei o restante dos meus pertences e as levei para Hialeah com a ajuda de minha querida amiga Barbie. Ela finalmente me deixou no Aeroporto Internacional de Miami para meu voo para Lyon, onde fiquei surpresa ao encontrar a cidade tão vazia. Acontece que muitos lyonnais deixam a cidade no verão para ir às montanhas ao redor ou à praia. Infelizmente, não havia muita dança por lá, embora eu tenha conseguido pegar um evento de kizomba em uma noite! As aulas de dança africana, no entanto, só começariam em outubro – *oh là là là là*! Um pouco decepcionante, mas ainda assim me apaixonei pela cidade e pela perspectiva de aprender sabar, a dança senegalesa, na ausência do ndombolo congolês. E se algum dia eu sentisse necessidade, sabia que Paris estava a apenas duas horas de TGV, onde poderia sempre fazer aulas com Tshamala Mbongo, como fiz em uma visita anterior.

Quando meu tempo no primeiro Airbnb perto da estação de trem Perrache terminou, me mudei para um lugar charmoso em Les Pentes, a área de colina que leva à Croix Rousse. Eu ainda estava à procura do imóvel certo para investir. Inicialmente, fui atraída por um belo apartamento perto da Place Sathonay, apesar de não ter uma cozinha completa. A grande sala de estar, com sua lareira aberta e lindo teto de estuque, me encantou, e a localização era perfeita. A beleza sempre me conquista! No entanto, depois de fazer algumas pesquisas, descobri que o imóvel estava no mercado há muito tempo, o que acionou um sinal de alerta. Minha intuição me disse que algo estava errado com o prédio, então decidi passar longe. Em vez disso, optei por um lugar menor com jardim – um sacrifício, mas a área externa também era um luxo que eu não tinha desde que deixei a casa dos meus pais. Era em um bairro diferente que, embora não fosse minha primeira escolha, acabou sendo convenientemente perto das minhas atividades de dança favoritas. Embora, em Lyon, nada realmente seja tão longe. Com isso resolvido, e enquanto aguardava a data de escritura, decidi viajar novamente.

Retornei a Lyon no final de outubro para o fechamento e para começar minhas aulas de dança sabar com Pape e Lilou no AfroMundo. Em novembro, viajei para Paris para um show congolês. Durante essa viagem, fiz aulas com Tshamala e seus músicos ao vivo, e no café da manhã do meu hotel, conheci Loick, um jovem congolês que rapidamente se tornou um dos meus primeiros amigos na França – uma pessoa enviada do céu, gentil, generosa e de mente aberta. Dezembro me trouxe de volta a Miami, e depois, nos meses seguintes, foram Lyon, Marselha, Nova York e Munique em rápida sucessão. Em termos de dança, também aproveitei alguns excelentes workshops de dança guineana e da África Ocidental, além de um pouco de Afro house. Recentemente, até encontrei uma nova companheira para ndombolo aqui, Lynda, uma jovem congolesa com quem às vezes pratico.

*

Agora, enquanto estou sentada à minha mesa em Lyon, terminando este livro e olhando para o meu jardim, de vez em quando vejo um lagarto ou um gato passeando, me lembrando de Miami Beach, pois lá também tem muitos desses dois, e já estou sonhando com meus próximos destinos.

Sou uma *papillon* – uma borboleta – agora dividindo meu tempo, voando entre a França (Lyon) e os EUA (Miami e Nova York), mas não sem visitas ocasionais à Alemanha e ao continente africano, enquanto também tento encontrar o melhor momento para visitar o Brasil para matar as saudades e dançar alguns sambinhas.

Sabedoria em liderança – principais aprendizados

Toda situação contém dois aprendizados: prático e transformacional

Em toda situação, há um aprendizado prático e um mais profundo, transformacional. No caso de Miami Beach, o aprendizado prático foi claro: Não se lance em um investimento em um edifício histórico em uma localização privilegiada de Miami Beach sem investigar cada detalhe – a história, o ambiente geral, quem está envolvido na sua gestão, quem está no Conselho, quais são as histórias dos inquilinos sobre o imóvel, quem trabalha no departamento de construção da cidade, quem são os grandes *players* da área, e por aí vai. Você provavelmente vai descobrir irregularidades e agendas ocultas, e a menos que tenha um monte de dinheiro sobrando, é melhor fazer uma pesquisa completa, em vez de confiar em um corretor de imóveis que está apenas interessado em fechar uma venda.

O aprendizado transformacional é onde as coisas ficam mais pessoais... e profundas! Ele gira em torno da pergunta: "Como isso está acontecendo para mim?" ou "Como isso aconteceu para mim?" ou, se preferir: "Qual é o propósito dessa experiência?" A resposta é profundamente pessoal e varia para cada um. Se for uma questão recorrente, geralmente é um padrão. Para mim, tem sido sobre lidar com a traição. Por que isso continua acontecendo? Como mencionei no início deste livro, minha vida não é perfeita no sentido de sem desafios; é um trabalho em progresso – sendo "progresso" a palavra-chave. Focar no progresso significa cultivar uma mentalidade de crescimento, mas isso vai mais fundo. A menos que alcancemos o mesmo resultado com um método diferente, precisamos cavar no nosso subconsciente para descobrir e erradicar as crenças raízes que nos mantêm presos em padrões repetitivos; os paradigmas que nos fazem viver as mesmas experiências, apenas em formas diferentes.

Passei anos desenterrando essas crenças profundas, e ajudei muitos dos meus clientes a fazerem o mesmo, com grande sucesso. E ainda assim, havia aquela uma coisa, aquela razão oculta que estava trazendo de volta experiências de (percepção de) perda e traição. Digo "percepção" porque, quando você pergunta, "Como isso está acontecendo para mim?", começa a entender que não há traição ou perda.

- Não há perda real – apenas crescimento e vitória.
- Não há traição – apenas ensinamento.
- Não há traidores – apenas professores.
- Não há inimigos – apenas aliados disfarçados.

- Não há comportamentos irritantes – apenas reflexos em um espelho.

O que parecia traição ou perda se transforma magicamente em uma oportunidade para crescer, curar-se e se livrar de "aquela coisa" de uma vez por todas!

Eu fiz uma promessa a mim mesma de que descobriria essa crença raiz, sentimento ou emoção raiz até o momento em que terminasse de escrever este livro, e consegui. E é isso o que significa viver uma vida incrivelmente maravilhosa.

Essa revelação não é apenas inestimável para mim e para a minha vida daqui para frente, mas também vai enriquecer significativamente o trabalho que faço com meus clientes. As profundas percepções que ganhei vão elevar o apoio e a orientação que posso oferecer a eles.

Capítulo 27
Da transformação à liberação

A lição suprema

Tudo o que faço está a serviço de um objetivo final: a liberdade. E essa liberdade inclui se sentir ***freakin' incrível*** no seu papel de liderança – liderando a si mesmo e, possivelmente, também os outros ao seu redor.

Transformação é ótima. Mas uma vida verdadeiramente incrível e magnífica não para por aí. Ela inclui a liberdade. Isso não se trata apenas da liberdade externa, de não estar fisicamente preso ou restrito por regras com as quais não concordamos. Trata-se da liberdade interior que também queremos buscar. Porque, com ela, vem a harmonia, pois agora conseguimos encontrar paz no caos.

A liberdade também vem com responsabilidade – a capacidade de responder de maneiras que sirvam ao bem maior.

Liberdade significa reconhecer que o papel de vítima nos impede de avançar, pois tudo no passado, presente e futuro acontece para o nosso crescimento; acontece para nós.

Enquanto muitas pessoas buscam equilíbrio, acredito que o que elas realmente procuram é harmonia. A harmonia é mais alcançável quando nos tornamos observadores neutros e alquimistas, usando os sentimentos como indicadores e as emoções como catalisadores. Não afirmo ter dominado essa arte, mas sou uma aluna dedicada, comprometida em fazer progressos nesse caminho. Porque meu objetivo final não é apenas a transformação, mas a liberação.

Hoje, como Coach de Liderança Transformacional e CEO da TRANSFORM YOUR PERFORMANCE, guio meus clientes para se tornarem líderes prósperos – seja em ambientes corporativos, organizações sem fins lucrativos ou como proprietários de negócios que lideram suas próprias equipes. Minha abordagem os ajuda a superar barreiras internas e externas, elevar suas habilidades de liderança e aprimorar sua presença, permitindo que expandam sua influência, impacto, renda e satisfação, enquanto gerenciam prioridades e estresse com mais facilidade. O resultado? Uma experiência de liderança mais gratificante e equipes mais felizes e engajadas.

A autoliderança sempre vem em primeiro lugar. Ela é a base da liderança bem-sucedida. Sem dominá-la, não podemos modelar a liderança de forma autêntica, nem alcançar o sucesso sustentável. Liderar com autenticidade e do coração não só conquista o respeito dos outros, mas também nos permite colher maior satisfação e realização. Isso torna a jornada de liderança *freakin' incrível* – mesmo quando surgem desafios. Quando meus clientes se entregam completamente e se comprometem de verdade, eles não transformam apenas suas carreiras ou negócios; transformam toda a sua vida. Liderança não é apenas um papel; é uma experiência holística, assim como nossa vida inteira é um fenômeno holístico, onde cada parte está interconectada. É por isso que minha abordagem de coaching é multidisciplinar e holística.

Meus clientes não apenas relatam promoções e aumentos salariais significativos – $20.000, $30.000, $50.000 ou mais. Os proprietários de negócios veem maior lealdade e criatividade nas equipes, e recebem elogios genuínos pela sua liderança. Mas, além dos ganhos profissionais, eles também experimentam melhorias em suas vidas pessoais: relacionamentos mais fortes, menos estresse, melhor saúde e até emagrecimento – áreas nas quais não focamos diretamente. Eles se sentem menos preocupados e mais alegres. A alegria e a realização são algo que você gostaria de sentir mais também?

Além do coaching individual, também dou cursos e oficinas baseados nas minhas metodologias de coaching e liderança, compartilhando essas poderosas ferramentas com um público mais amplo:

- Powerful Leadership Transformation (PLT)™
- New-Paradigm Leadership (NPL)™
- The T.H.R.I.V.I.N.G. Leader Formula (TTLF)™

- The Unique Assets Framework™
- The Negotiate Your Dream Salary Framework™.

O que eu pessoalmente adoro sobre minha clientela é sua rica diversidade, o que torna esse trabalho ainda mais empolgante para alguém como eu, que prospera na mudança. Tive o prazer de trabalhar com mulheres e homens dos Estados Unidos, África, Ásia, Europa e América Latina, fazendo coaching e treinamentos em inglês, espanhol, português e alemão. Meu histórico multinacional e multicultural me permite me conectar de forma fluida com clientes de diferentes contextos culturais.

Meu livro *Speak up, Stand out and Shine: Speak Powerfully in Any Situation* ajudou milhares a se destacarem como apresentadores, de palestras e discursos principais a painéis, aparições na mídia, negociações, eventos de *networking* e entrevistas de emprego. É um recurso valioso para quem deseja superar o nervosismo antes de falar ou elevar sua presença como palestrante. Convido você a conferir no Amazon.

Como Palestrante Internacional Inspiracional, já me disseram que inspiro a grandeza, com alguns afirmando que uma única palestra mudou suas vidas. Talvez seja minha habilidade de trazer novas perspectivas e ousadia, ou talvez seja porque coloco meu coração e alma em cada palestra e apresentação.

Além disso, lancei o podcast RISE TO LEAD para servir como um centro de inspiração para liderança. Sintonize para ouvir conversas sinceras e *insights* valiosos de líderes audaciosos de diferentes indústrias e países. Convido você a ouvir e absorver sua dose de excelência em liderança corajosa, extraindo dessas lições para criar mudanças conscientes e ajudar a moldar o mundo com sua pegada audaciosa de liderança, liderando com um coração ousado – tudo em prol de maior liberdade para você e para aqueles que você impacta.

Se você está pronto para elevar sua eficácia e impacto como um líder próspero, e experimentar mais alegria, paz, satisfação, sucesso e liberdade em sua liderança diária, vamos nos conectar! Escaneie o QR code para agendar um horário no meu calendário ou envie um e-mail para regina@transformyourperformance.com se não encontrar um horário conveniente.

Se você ainda não está pronto para mergulhar de cabeça no potencial ilimitado do seu brilhantismo e assumir completamente a sua grandeza, tudo bem – vamos dar o próximo passo juntos. Clique no link para baixar o meu modelo *Create Your Freakin' Amazing Life Template*.

Independentemente de onde você esteja na sua jornada, seria uma honra apoiá-lo(a) e mal posso esperar para ouvir sobre a **Vida Freakin' Incrível** que você está prestes a criar.

Epílogo

Enquanto escrevia este livro, me vi revivendo muitas das experiências que me moldaram. Muitas vezes, as lágrimas desciam pelo meu rosto – algumas de tristeza, outras de alegria. As lágrimas de tristeza trouxeram cura, enquanto as de alegria me lembraram de sorrir. Obrigada por me permitir compartilhar essas histórias e experiências com você. Espero que tenha encontrado valor nessas vislumbres da minha vida freakin' incrível e que as lições que aprendi também sirvam para você.

Gostaria de poder cantar "Je ne regrette rien" como Edith Piaf. No entanto, há algumas coisas das quais me arrependo – principalmente aquelas que não fiz. Apesar da vulnerabilidade que compartilhei ao escrever este livro, esses arrependimentos são profundamente pessoais e não são para consumo público. Menciono-os agora na esperança de que possam inspirá-lo a não deixar nada para trás que você possa se arrepender mais tarde. E também vou transmutar esse arrependimento já já porque ele não me beneficia. Me perdoo.

Felizmente, meu espírito aventureiro, curiosidade insaciável e paixão por explorar os mistérios do mundo me levaram a muitos lugares. Viajei extensivamente, incluindo para destinos ainda não mencionados, como Tailândia e vários países da Europa e América Latina. Embora viver no exterior tenha encurtado a lista de países que eu teria visitado, já que muitas vezes usava as minhas férias para ver a família em casa, me proporcionou uma compreensão muito mais profunda de muitos lugares e culturas do que uma estadia curta poderia fazer.

Seus sonhos podem ser bem diferentes dos meus. Talvez viajar não seja a sua paixão; talvez você se sinta atraído a criar algo totalmente diferente para si mesmo. O que realmente importa é que você persiga o que sente ser chamado a fazer, seguindo suas próprias paixões e sonhos; que permita a si mesmo viver a vida plenamente – para criar uma vida que valha a pena viver e uma existência que valha a pena ser vivida.

Sim, eu vivi.

Você também pode viver seus sonhos!

Você pode criar a vida que é perfeita para VOCÊ – em qualquer lugar do mundo!

O FIM deste livro – mas não o fim da minha Vida Freakin' Incrível!

Na verdade, um NOVO COMEÇO.

Que venha o próximo capítulo!!

Poema – Parte 2

Lembra do poema de uma das primeiras páginas do livro? – Aqui está sua continuação:

Algum dia, querido, seremos grisalhos

Querido, seremos grisalhos

E nos preocuparemos com os sonhos que não perseguimos

Os caminhos não tomados, as palavras não ditas,

As portas que fechamos, os caminhos que fugimos.

Vamos nos perguntar onde aquelas chances teriam nos levado,

E o que talvez tenhamos perdido por medo e receio.

Mas nesse crepúsculo, ao olharmos,

Saberemos que nossa história ainda arde,

Pois cada chance perdida e silenciosa,

Fez espaço para a dança inesperada da vida.

E embora os anos tenham passado,

Encontramos nossa centelha neste novo dia,

Nunca é tarde para mudar o ritmo,

Para viver os sonhos que ousamos não enfrentar.

Então agora viramos, abraçamos nosso destino,

Pois mesmo agora, não é tarde demais.

Os caminhos que temíamos, agora criamos,

E a cada passo, nosso futuro freakin' incrível nos espera.

Agradecimentos

Minha mais profunda gratidão vai para meus amados e queridos pais, meus dois irmãos Franz e Anton, minhas duas irmãs Rosmarie e Martina, e meus sobrinhos Felix, Tobias e Moritz. Sinto-me profundamente abençoada por fazer parte de uma família tão carinhosa e bondosa, e sou imensamente grata pelo apoio inabalável e pela companhia preciosa de todos ao longo do caminho. Meu coração está cheio de doces memórias, e toda vez que volto à nossa fazenda, realmente sinto como se estivesse em casa, em um lugar de amor incondicional. O calor da minha casa original sempre me lembra de quão sortuda eu sou.

Um agradecimento de coração ao Chris, meu amigo favorito e parceiro de dança kompa em Nova York. Como você sempre dizia, nós compartilhamos uma "conexão especial", e não consigo imaginar o que teria feito sem sua presença, abraço e apoio.

Também quero reconhecer outros amigos queridos e leais que estiveram ao meu lado nos momentos mais desafiadores: Ana Maria, Sabrina, Ahmyra, Raquel, Susan, Vicky, Liz, Lisa, Erika, Stéphanie, Justin e Meghan, e Barbie. Não posso esquecer do Ibrahima, que – como um mensageiro da felicidade – apareceu na minha vida em Nova York e depois me recebeu de braços abertos em Paris para uma semana de experiências incríveis. Sua amizade e generosidade foram uma fonte de força, e sou realmente grata.

Sobre a autora

Como CEO da TRANSFORM YOUR PERFORMANCE, Regina Huber impulsiona uma liderança audaciosa e centrada no coração. Ela ajuda seus clientes a se tornarem líderes realizados, elevando a liderança de si mesmos e dos outros.

Sua experiência eclética em cinco continentes começou na Alemanha e inclui cargos de liderança no Boston Consulting Group (Europa, América do Sul, EUA), além da propriedade de empresas na Argentina, Brasil e EUA.

Essa experiência a moldou como **Coach Multinacional de Liderança Transformacional**, **Palestrante Internacional Inspiradora** e **Autora** de *Speak up, Stand out and Shine* e *Living My Freakin' Amazing Life*. Ela também é coautora de outros três livros e traduziu 13, fala cinco idiomas, além de um pouco de italiano. É **Criadora e Apresentadora** do podcast *RISE TO LEAD*.

Regina escreve artigos visionários para revistas internacionalmente e é apaixonada por compartilhar sabedoria e inspiração, o que lhe garantiu destaque em vários meios de comunicação. Ela também foi apresentadora do programa de TV *What's Your Spark?*

Ao longo dos anos, Regina inspirou públicos em eventos e ministrou *workshops* ao redor do mundo.

Ela foi membro ativa da Equipe de Liderança da Financial Women's Association (FWA) e colaborou com várias organizações internacionalmente.

Regina criou cinco estruturas de coaching exclusivas, incluindo Powerful Leadership Transformation (PLT)™, New-Paradigm Leadership (NPL)™ e The T.h.r.i.v.i.n.g. Leader Formula (TTLF)™.

Ela é certificada em Conversational Intelligence (C-IQ)®, BodyTalk, Human Design e outras metodologias holísticas.
Ela tem uma paixão por viagens, aventura e dança.

Site: https://www.transformyourperformance.com

RISE TO LEAD Podcast:
https://transformyourperformance.com/podcast

- Apple: https://podcasts.apple.com/us/podcast/rise-to-lead/id1755539127
- Spotify:
https://open.spotify.com/show/2p4AZukhopnUmwS14Ww5SE

LinkedIn: https://www.linkedin.com/in/reginahuber
YouTube: https://www.youtube.com/@reginahuber
Facebook: https://www.facebook.com/ReginaHuber369
Instagram: https://www.instagram.com/reginahubernyc/yon